Gitta   29,80

GANESHA MANTRA

गजाननम् भूत गणादि सेवितम्
कपित्थ्य जम्बू फल चारु भक्षणम्
उमा सुतम् शोक विनाशकारकम्
नमामि विघ्नेश्वर पाद पंकजम्

Harish Johari

CHAKRAS

Körperzentren der Transformation

SPHINX

Aus dem Amerikanischen von
Matthias Schossig und Heidegret Rauhut

Die Deutsche Bibliothek – CIP–Einheitsaufnahme
Johari, Harish : Chakras : Körperzentren der Transformation /
Harish Johari. [Aus dem Amerikanischen von
Matthias Schossig und Heidegret Rauhut].
Basel : Sphinx Verlag, 1992
Einheitssacht.: Chakras <dt.>
ISBN 3-85914-641-6

© 1992 Sphinx Verlag, Basel
Das Werk einschließlich aller seiner Teile ist urheberrechtlich geschützt. Jede Verwertung ist ohne Zustimmung des Verlags unzulässig. Dies gilt insbesondere für Vervielfältigungen, Übersetzungen, Mikroverfilmungen und die Einspeicherung und Verarbeitung in elektronischen Systemen.
Originaltitel: Chakras
Erschienen bei Destiny Books, Rochester, Vermont, USA
© 1987 Harish Johari
Umschlaggestaltung: Charles Huguenin
Umschlagabbildungen: Harish Johari
Satz: Sphinx, Basel
Herstellung: Clausen & Bosse, Leck
Printed in Germany
ISBN 3-85914-641-6

Inhalt

Vorwort 7

Kapitel 1
Die Grundlagen des Tantra 11

Kapitel 2
Kundalini 25

Kapitel 3
Die Wesensmerkmale der Chakras 63

Kapitel 4
Chakras, Wiedergeburt und Spiritualität 120

Anhang
Auszüge aus den Hindu-Schriften über die
verschiedenen Stufen des Yoga 126

Vorwort

Chakras sind psychische Zentren im Körper, die fortwährend aktiv sind, ob wir uns ihrer bewußt sind oder nicht. Energie bewegt sich durch die Chakras, um unterschiedliche psychische Zustände hervorzubringen. Moderne Biologen würden dies in ihrer wissenschaftlichen Sprache wie folgt erklären: Die Hormondrüsen des endokrinen (innersekretorischen) Drüsensystems bewirken chemische Veränderungen, wenn ihre Sekrete sich unmittelbar und direkt mit dem Blutstrom des Körpers vermischen. Die alten Philosophen des Ostens brachten diese Veränderungen mit den fünf *Tattvas* oder Elementen - Erde, Wasser, Feuer, Luft und *Akasha* (Äther) in Verbindung. Diese Elemente kommen und gehen beständig mit den zirkadianen Rhythmen des Körpers. Gemäß der alten indischen Yoga-Wissenschaft, ist es sehr wichtig, über die Elemente genau Bescheid zu wissen, und zu verstehen, wie man mit ihnen arbeiten kann, da die Chakras nun mal ihr Spielplatz sind. Die Wissenschaft des Swara Yoga[*] dem Yoga von Nasenlochatmung und Hemisphärendominanz) kennt zahlreiche Methoden, mit denen das Vorhandensein der Tattvas nachgewiesen werden kann. Yogis, die diese Techniken gemeistert haben, sind fähig, aus geringstem Energieaufwand den größtmöglichen Nutzen zu ziehen. Durch beständige *Kshata Chakra Bhedana* (Visualisierung) und *Mantra Japa* (Rezitation von Mantras), können sie schließlich die Tattvas transzendieren, die in den fünf Hauptzentren des Körpers (das sind die ersten fünf Chakras) dominieren, und dabei non-duales Bewußtsein erlangen, das sie von der illusionären Welt der *Maya* befreit.

[*] siehe *Atem, Geist und Bewußtsein* von Harish Johari, Sphinx Verlag Basel, erscheint im Juli 1992

Das Wissen um die Chakras kann ein wertvoller Schlüssel zur Erforschung des Inneren sein. Es ist möglich, während man sich selbst beobachtet, wahrzunehmen, wie Energie sich durch verschiedene psychische Zentren bewegt. Religiöse Praktiken wie Fasten, Nächstenliebe und selbstloses Dienen bewirken, daß Energie in die höheren Zentren fließt. Die im Muladhara (Wurzel- oder Basis-) Chakra eingerollt ruhende Energie wird dadurch aktiviert und beginnt aufzusteigen. Nachdem der Fluß die höheren Zentren erreicht hat, verändert sich die gesamte Lebensperspektive des Übenden. Dieses Gefühl wird immer wieder als eine Wiedergeburt beschrieben. Das Hauptinteresse eines Menschen, der dieses Gefühl einmal erlebt hat, ist, den Energiefluß in den höheren Zentren zu halten. Durch regelmäßiges Visualisieren mit gleichzeitiger Mantra Japa (Rezitation von Mantras) kann der Yoga-Schüler den Energiefluß in den höheren Chakras halten, und damit den Einflußbereich der Tattvas überwinden.

Visualisierung setzt voraus, daß man eine klare Vorstellung von den Chakras hat. Es empfiehlt sich, dafür Yantras, abstrakte Formen oder Bilder von Chakras, zu verwenden, die von visionären Künstlern der Vergangenheit geschaffen wurden. Doch ist ein solches Werkzeug ohne richtige Anleitung genauso nutzlos wie bloße Worte und Begriffe, die einen ohne die entsprechenden Inhalte auch nicht wirklich weiterbringen.

Die Abbildungen in diesem Buch helfen dem Gedächtnis, sich die Chakras visuell besser einzuprägen. Das systematische farbige Ausmalen der Zeichnungen ist eine weitere große Visualisierungshilfe. Stellt man sich während des Visualisierens im Geiste nochmal die Reihenfolge vor, in der man die Chakras ausgemalt hat, kann man die ganze Zeichnung mühelos im Geiste nachvollziehen. Dabei wird sich das Schwingungsmuster der Gehirnwellen und die geistige Einstellung verändern. Damit Sie beim Ausmalen die richtigen Farben verwenden, haben wir auf dem Buchumschlag die farbig ausgemalten Chakras abgedruckt. Malen Sie die Chakras in folgender Reihenfolge aus:

1. die Blütenblätter der Chakras
2. das Yantra (die geometrische Form) des Chakras
3. das Tier, das den *bija* (Samen, Keim) trägt
4. den Klang des Bija
5. die Shakti des Chakras
6. die Gottheit des Chakras

Und halten Sie die gleiche Reihenfolge beim Visualisieren ein. So können Sie durch die geistige Rekonstruktion der gesamten Chakra-Zeichnung abstraktes Visualisieren üben, was mit der Zeit zur tiefen Meditation führen wird.

Beim Ausmalen der Chakras wird die rechte Gehirnhälfte aktiviert, der Begleittext soll das Wissen erweitern und die linke Gehirnhälfte aktivieren. So werden beide Seiten des Gehirns (die «denkende» und die «künstlerische») gleichermaßen angesprochen und ins Gleichgewicht gebracht. Japa, die Rezitation der Kernlaute (Bija-Mantras)* und das Einhalten der Gesetze des Dharma (Rechtschaffenheit, Ordnung) werden dem Lernenden helfen, höhere Bewußtseinszustände zu erlangen.

Ich möchte Mary Conors für die Zeichnungen der Chakras danken, die sie nach meinen Entwürfen und Anleitungen ausgeführt hat. Des weiteren möchte ich mich bei Chri Chandra Bal, meinem Lehrer auf dem Gebiet der Malerei, bedanken, der meinen Neffen, Sandeep Johari, bei der Vorbereitung der farbigen Illustrationen anleitete. Heidi Rauhut danke ich für die Hilfe bei der Texterfassung der aktuellen erweiterten Ausgabe dieses Buches und die Überarbeitung der deutschen Übersetzung. Mein Dank gilt ebenso Elaine Minto für das Tippen und Korrigieren von englischen Manuskriptteilen.

Ganz besonders aber danke ich Baba Shripadji, Ganesh Baba und Acharya Chandrashakar Shastri für die klärende Hilfe auf zahlreichen Fachgebieten. Danken möchte ich ihnen aber auch nicht zuletzt dafür, daß sie mein Wissen mit ihren Lehren bereichert haben und mich mit ihrem Segen und ihrer Gegenwart dazu inspiriert haben, diese Arbeit auszuführen.

Die Lehren in diesem Buch stammen zum Teil von meinem Vater, der *Kshata Chakra Bhedana* praktizierte, und zum Teil von unterschiedlichen tantrischen Schriften, von Aufzeichnungen einiger Heiliger (selbstverwirklichter Menschen) sowie von zahlreichen Schriftrollen, in denen die Chakras auf unterschiedliche Weise dargestellt waren. Damit Sie die alten Begriffe leichter verstehen, habe ich dem Text zahlreiche Zeichnungen und Diagramme zugefügt. Ich hoffe, damit das Wissen der Menschen bereichern zu können, und ihnen zu helfen, die uralte indische Tradition des Tantra im zeitgemäßen Kontext zu verstehen.

Schließlich danke ich all meinen Freunden, Schülern und Verlegern, deren wertvolle Vorschläge beim Schreiben dieses Buches hilfreich waren. Ich

---

* siehe Tonkassette *Sounds of Chakras* von Harish Johari, Vertrieb der Originalkassette durch den Sphinx Verlag.

hoffe, das Buch wird allen, sozusagen als Gegenleistung, ein hilfreicher Chakraführer sein. Wer mehr über die verschiedenen Ebenen der Chakras erfahren will, sollte mein Buch *Lila** lesen, das auf dem «Spiel der Weisheit» beruht. Weitere Aspekte zum Thema Chakras werden in meinem Buch *Wege zum Tantra*** besprochen.

Harish Johari
September 1987

* Sphinx Verlag, Basel 1991
** *Wege zum Tantra* (Hermann Bauer Verlag, Freiburg)

Die Grundlagen des Tantra 1

Der menschliche Körper ist von allen Körpern, die sich durch ihr Verhalten Ausdruck verleihen, der am höchsten entwickelte Organismus. Er ist imstande, sich selbst auszudrücken und die Wahrheit auch jenseits der Grenzen der sinnlichen Wahrnehmung zu erkennen. Mit Hilfe des Erinnerungsvermögens, der Vorstellungskraft und der Intuition ist der menschliche Organismus fähig, die der Natur innewohnenden Gesetze zu verstehen und zu begreifen, und diese Kräfte (die mit gewöhnlichen Augen betrachtet etwas Mysteriöses haben) zu seinem Vorteil, seinem Wachstum und seiner Entwicklung zu nutzen. Wenn innere und äußere Rhythmen vollkommen übereinstimmen, kann man den Weg des geringsten Widerstandes gehen und sich frei im Meer der Erscheinungswelt treiben lassen, ohne unterzugehen. Um es präzise auszudrücken: Der Körper des Menschen ist das vollkommenste Instrument für die Selbstverwirklichung des Bewußtseins.

Bewußtsein ist die äußerste, unumstößliche Realität; aus ihm heraus und durch seine Kraft entstehen Geist und Materie. Die manifestierte Realität in Form von Geist und Materie ist nur ein Bruchteil der gesamten, unendlichen Realität. Der Geist grenzt das Bewußtsein ein, damit er, der die Basis des Bewußtseins bildet, nur begrenzte Erfahrungen macht. Doch gibt es in dem breiten Spektrum – vom Mineralreich bis zum Menschen – viele Ebenen, auf denen Bewußtsein existiert. In der Welt der Namen und Formen (auf Sanskrit Namarupa) gibt es nichts, was absolut bewußt oder unbewußt ist. In der gesamten Erscheinungswelt sind Bewußtheit und Unbewußtheit auf harmonische Weise miteinander verwoben. Im Menschen existiert das Bewußtsein in Form von Selbstbewußtsein, das ihn von allen anderen Bewußtseinsformen unterscheidet.

Die Hauptbewußtseinszentren des Menschen befinden sich im Zentral-

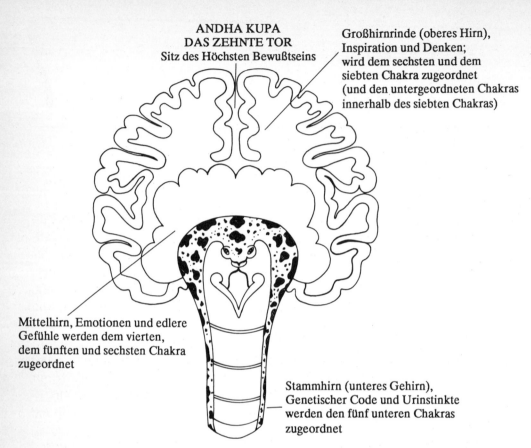

Diagramm des Gehirns mit seinen Funktionen und seinen Beziehungen zu den Chakras

nervensystem und in der Großhirnrinde. Das Zentralnervensystem entwikkelt sich zuerst im Organismus nach der Empfängnis. Aus ihm heraus entwickelt sich die gesamte Körperstruktur. Dieses System ist ein großartiger Generator elektrischer Energie mit einem phantastischen Netzwerk von Nervenverbindungen. Das Großhirn produziert ununterbrochen elektrische Energie. Durch die feinen Nerven wird diese Energie zur Erhaltung der Lebenskraft fortwährend an den Organismus weitergeleitet. Auf der hinteren Seite der Schädelbasis befindet sich das Zerebellum oder Kleinhirn. Es ist das mechanische Gehirn (verantwortlich für die grundsätzlichen biologischen Funktionen) und das Organ des Unterbewußtseins. Es ist auch als Kobra- oder Reptiliengehirn bekannt. Die Großhirnrinde hat sich im Vergleich zum Kleinhirn später entwickelt und ist offener für Veränderungen.

Die gesamten Körperfunktionen des Menschen werden vom Zentralnervensystem kontrolliert, auch die psychischen Zentren haben dort ihren Sitz. Die Kenntnis davon wurde über viele Jahrhunderte von der hinduistischen Tantra-Tradition überliefert, die diese psychischen Zentren Chakras nennt. Man ist der Ansicht, daß ein ausgewogenes Funktionieren des Körpersystems nur durch eine Harmonie zwischen den beiden Gehirnen – dem Großhirn (dem Organ des bewußten Verstandes) und dem Kleinhirn (dem Sitz des Unterbewußtseins) möglich ist. Neuere Untersuchungen am Groß- und Kleinhirn deuten auf einen inneren Konflikt der beiden hin und bringen unsere Verhaltensmuster damit in Verbindung, da sie von ihm beeinflußt und geprägt werden. Die gleichen Untersuchungen weisen auf eine grundlegende Dichotomie (Zweiteilung) im Menschen hin. Diese grundsätzliche Dualität wird durch das Vorhandensein der beiden Hemisphären in der Großhirnrinde bestätigt. Wir Menschen leben mit dieser Dualität und sind Opfer zahlloser Probleme und Komplexe. Die plausibelste und praktikabelste Lösung um mit diesen Gegensatzpaaren harmonisch zu leben ist, eine harmonische Verbindung zwischen Großhirn und Kleinhirn sowie zwischen rechter und linker Gehirnhälfte anzustreben. Eine harmonische Übereinstimmung kann nur durch beständige Arbeit an allen vier Komponenten erreicht werden. Dies wiederum erfordert ein systematisches Studium der menschlichen Natur – ein Studium der Motivations- und Funktionsweise des aktiven menschlichen Organismus.

Der überwiegende Teil wissenschaftlicher Studien basiert immer noch auf Untersuchungen an toten oder kranken Körpern, die keinen Aufschluß über lebende und gesunde Organismen geben. Die alten Wissenschaften des Tantra und Yoga haben ganzheitliche Studien am menschlichen Organismus durchgeführt. Die Ergebnisse ihrer Beobachtungen an gesunden Organismen wurden bis jetzt noch nicht in Verbindung mit den Experimenten und Forschungsarbeiten der modernen Medizin gesehen. Erst in jüngster Zeit werden in der postoperativen und vorbeugenden Medizin Atemtechniken und andere Übungen, die direkt aus der Yoga- und Tantra-Tradition stammen, angewendet und allgemein als hilfreich anerkannt. Um zu einem ganzheitlichen Verständnis der Gattung Mensch zu kommen, müssen wir auch die psychischen Dimensionen – und nicht nur die physischen – genau verstehen.

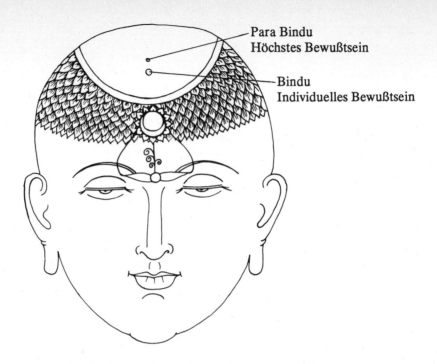

Yogische Darstellung der wichtigen Zentren im Gehirn

Man geht davon aus, daß Yoga das erste System war, das transzendentale Einheit erfolgreich anstrebte. Das Wort Yoga leitet sich von der Sanskritwurzel *yuj* her, was soviel heißt wie «vereinigen», «verbinden», «einbeziehen». Auf der grobstofflichen Ebene ist damit die Vereinigung von Großhirnrinde und Kleinhirn (von Bewußtsein und Unterbewußtsein) gemeint; auf der feinstofflichen Ebene die Vereinigung bzw. Verbindung von individuellem Bewußtsein und kosmischen Bewußtsein (Seele und Gott). Yoga bietet eine praktische Methode, ein System, das den Zustand der Vereinigung beider – der mentalen Prozesse und des Bewußtseins – herbeiführt. Yoga basiert auf besonderen Disziplinen und Übungen, mit deren Hilfe jeder diese Einheit erreichen kann, sofern er sich dazu entschließt, dieses System konsequent zu praktizieren. Gemäß dem Yoga-System ist das individuelle Bewußtsein ein Teilausdruck des kosmischen Bewußtseins, der göttlichen Wirklichkeit, der Quelle, der Quintessenz des manifestierten Universums. Letztendlich sind kosmisches Bewußtsein und individuelles Bewußtsein eins, denn beide sind

Bewußtsein, und damit unteilbar. Nur Subjektivität trennt beide; nach Auflösung der Subjektivität löst sich auch das «So-Sein», oder das individuelle Bewußtsein, auf, und die Vereinigung kann geschehen. Die Verwirklichung der eigenen göttlichen Natur befreit aus der Falle unserer Tiernatur, die Subjektivität und einen eingeschränkten Blickwinkel verursacht. In der Yoga-Terminologie spricht man von der «Mind-Falle». (Das Wort «Mind» möchten wir an dieser Stelle unübersetzt lassen, da die deutschen Übersetzungen – «Sinn», «Gemüt», «Seele», «Geist», «Verstand» usw. nur einenTeilaspekt des englischen Ausdrucks «Mind» wiedergeben.) Die moderne Psychologie verwendet das Wort «Mind» in einem völlig anderen Zusammenhang; für sie ist «Mind» der funktionale Aspekt des Gehirns, der verantwortlich ist für Denken, Wollen, Fühlen. Das Gehirn ist eine materielle Wirklichkeit und ein Werkzeug des Mind, aber der Mind (Geist) selbst ist keine materielle Realität. Moderne Wissenschaftler sind damit beschäftigt, im stofflichen Gehirn mit seinen beiden Hemisphären eine nichtstoffliche Realität zu entdecken. Sie suchen nach der Seele. Die Kernaussagen alter Weisheit werfen viel Licht auf dieses Thema; untersucht man sie gründlich und setzt man sie zueinander in Beziehung, können sie diesbezüglich viel Eiblick bieten. Die heutige Psychologie und die moderne Medizin versteht diese Wahrheit bis zu einem gewissen Grad und erforscht allmählich altes Wissen. Manche Wissenschaftler erkennen inzwischen, daß die alten Wahrheiten mit ihren eigenen neuesten Erkenntnissen übereinstimmen und sie sich gegenseitig ergänzen.

Wir sind heutzutage sehr darum bemüht, den rationalen und emotionalen – oder religiösen – Zugang zur Psyche ins Gleichgewicht zu bringen. Die Methoden des modernen und des alten Systems unterscheiden sich grundlegend. Die Yogis erforschten die Psyche, indem sie ihr im Mind und Bewußtsein auf den Grund gingen. Die Psychologen wiederum versuchen, sie über die Verhaltensweisen zu erklären. Die ursprüngliche yogische Formel lautet, daß man «das Selbst» durch Selbsterfahrung entdecken kann. Der wissenschaftliche Ansatz besteht heutzutage darin, andere zu erforschen und nicht «das Selbst», das im innersten Wesen eines jeden Menschen vorhanden ist. Die moderne Psychologie und andere Wissenschaften, die versuchen, Bewußtsein zu verstehen, untersuchen Individuen und Gruppen, um die verschiedenen Dimensionen des Geistes (Mind) zu bestimmen. Yoga aber beschreibt nicht nur sämtliche Zustände, Aspekte und Dimensionen des Mind, es empfiehlt auch praktische Mind-Spiele, die seine Funktionen kontrollieren, ihn zur Ruhe bringen können und ihn von dem Leiden und Elend befreien, das durch geistige Fluktuationen und Veränderungen (gemeint ist das ständige Kommen und Gehen von Gedanken) verursacht wird. Yoga beinhaltet praktische Übungen, mit deren Hilfe man die normale Funktionsebene des Geistes bei weitem überschreiten kann.

Neben ihrer spirituellen Bedeutung hat die Philosophie des Yoga einen moralischen Wert, der im täglichen Leben sehr nützlich ist. In den Prinzipien des Yoga liegt der Grundstein für bessere zwischenmenschliche Beziehungen und kollektiven Frieden. Ein grundlegendes Konzept des Yoga ist in folgender Maxime enthalten:

Sarve bhavantu sukhina
Sarve sant niramaya

Mögen alle glücklich sein,
Mögen alle in Frieden leben.

Die Prinzipien der Yoga-Philosophie sind universell und bieten einen Rahmen für die ganzheitliche Entwicklung und Förderung sämtlicher geistiger Fähigkeiten. Sie ermöglichen dem Yoga-Schüler, willentlich alle mentalen Veränderungen abzustellen. Die beständige Übung der Selbstdisziplin hilft dem Schüler, sich zu konzentrieren, ruhig zu werden und den inneren Dialog mühelos zum Schweigen zu bringen. Die Frucht des Yoga-Sadhana (der Übung) ist, daß man die Fähigkeit erwirbt, Schmerz und Kummer zu überwinden, und daß man den rationalen Verstand, die wahrnehmbare Welt und das Verhaftetsein am Körper mit seinen Sinnen transzendieren kann. Durch Yoga gewöhnt sich der Geist (Mind) daran, zielgerichtet zu sein, das heißt die ungeteilte Aufmerksamkeit ist auf einen Punkt konzentriert, und dauerhaft ruhig zu werden. Dies bewirkt eine Veränderung der Verhaltensmuster und führt schließlich zur Erleuchtung.

Zielgerichtetheit, das heißt das Denken auf einen Punkt richten zu können, ist eine Eigenschaft, die gerade heute, in unserem schnelllebigen hochtechnisierten Jahrhundert, sehr nützlich ist. Innere und äußere Ruhe sind wesentliche Voraussetzungen zur ungestörten Selbstverwirklichung. Jeder einzelne muß seine verborgenen Potentiale selbst erkennen. Wir müssen uns selbst erforschen, um uns als Mikrokosmos mit unserer besonderen Beziehung zum Makrokosmos zu verstehen. Die Naturwissenschaften neigen dazu, den Menschen in viele Teile zu zerlegen, während die Geisteswissenschaften in der

Verschiedenheit die Einheit sehen. Sicher ist es notwendig, einen Gegenstand in allen Einzelheiten zu betrachten, doch ist es genauso wichtig, die Einzelheiten zum Ganzen zusammenzufassen, damit wir erkennen, in welcher Beziehung wir zu anderen, ähnlichen Teilen stehen. Ein Übermaß an Individualität, Subjektivität und Eigeninteressen verschleiert den Blick vor der Wahrheit und schließt die Tore der Unbefangenheit. Eine Überbetonung des Individuellen bringt Gefühle von Einsamkeit und Pessimismus mit sich. Aufgrund dieser Erkenntnisse hat das Yoga-System fünf unterschiedliche Geisteszustände wie folgt klassifiziert:

 egoistisch (ichbezogen)
 abgestumpft
 ruhelos
 zielgerichtet (einspitzig)
 befreit

1. Ichbezogen (Kshipta)

In diesem Zustand besitzt der Geist (Mind) weder die Geduld noch die Intelligenz, die für die Kontemplation auf ein übersinnliches Objekt Voraussetzung ist. Folglich kann man die höheren Prinzipien weder erfassen noch verstehen. Durch intensiven Neid oder Böswilligkeit kann der Mind bisweilen in einen Zustand der Konzentration geraten, was jedoch nichts mit dem Zustand yogischer Konzentration zu tun hat.

2. Abgestumpft (Mudha)

In diesem Zustand hat eine Idee mit sinnlichem Charakter vom Geist (Mind) Besitz ergriffen und verhindert, daß er an höhere Prinzipien denken oder sie erfassen kann. Ein Beispiel dafür ist ein Mensch, der seine Gedanken bis zur Verblendung ausschließlich mit der Familie oder mit Reichtum verstrickt.

3. Ruhelos (Vyagra)

Dieser Geisteszustand ist nicht mit dem Kshipta Zustand zu verwechseln. Die meisten spirituellen Schüler gehören im Wesentlichen diesem Geistestyp an. Der Geist (Mind) ist hier bisweilen ruhig und dann wieder völlig durcheinander. In den zeitweiligen Ruhephasen kann der ruhelose Geist die wahre Natur der feinstofflichen Prinzipien verstehen, sofern er mit ihnen in Kontakt kommt und eine Zeitlang über sie meditiert. Auch wenn ein ruheloser Geist fähig ist, sich zu konzentrieren, so doch nie für lange Zeit. Ein gewohnheitsmäßiger ruheloser Geist kann nicht allein durch Konzentration Befreiung erlangen, denn wenn immer die Konzentration nachläßt, läßt er sich wieder ablenken. Solange der Geist nicht frei von Ablenkungen ist und keine dauerhafte Zielgerichtetheit entwickeln kann, ist es nicht möglich, Erlösung zu erlangen.

4. Zielgerichtetheit (Ekagra – das Gerichtetsein des Geistes auf einen Punkt)

Patanjali, der Verfasser der Yoga-Sutra, hat diesen Zustand als einen Geisteszustand definiert, in dem die vergehenden und neu auftauchenden Gedanken im Bewußtsein völlig gleich sind. Wenn also auf das Verschwinden eines Gedankens kontinuierlich ein neuer entsteht, der lediglich die Folge des ersten ist, und dieser Zustand andauert, spricht man von einem «zielgerichteten», auf einen Punkt gerichteten Geist. Allmählich gewöhnt sich der Geist an diesen Zustand – im Wachbewußtsein und selbst im Traum. Wer Meisterschaft in Ekagra erwirbt, erlangt Samprajnata-Samadhi. Dieses Samadhi (Glückseligkeit) ist das wahre yogische Samadhi, das zur Erlösung führt.

5. Befreit (Nirodha = Aufhebung)

Dies ist der Zustand, in dem es keinen Gedanken gibt. Wenn man beständig übt, Gedanken abzuschalten, gelangt man zu der wahren Erkenntnis, daß die Welt der Namen und Formen ein Produkt des Minds ist. Wenn der Mind im wahrsten Sinn des Wortes aufhört zu existieren, löst sich auch alles andere auf.

Der Mind arbeitet normalerweise auf drei verschiedenen Ebenen:

- Wachbewußtsein
- Traumbewußtsein
- Tiefschlaf

Im Zustand des Wachbewußtseins funktionieren wir durch die Zusammenarbeit von Groß- und Kleinhirn und der beiden Gehirn-Hemisphären. Im Traumzustand beherrscht uns mehr der Mind des Unterbewußtseins, das seinen Sitz im Kleinhirn hat. So gesehen sind Träume ein Werkzeug zur

Erfüllung verdrängter Wünsche, die mit der animalischen Natur des Menschen in Verbindung stehen. Nur diejenigen, die die Kunst der gewohnheitsmäßigen Zielgerichtetheit gemeistert haben, sind in der Lage, sie auch im Traumzustand aufrechtzuerhalten. Gewohnheitsmäßige Zielgerichtetheit (das Denken ist auf einen Punkt gerichtet) ist die Frucht beständiger yogischer Disziplin und Selbstbeherrschung. Wenn der Lernende diesen Zustand erreicht, transzendiert er den Bereich des Kleinhirnes (des Unterbewußtseins) und ruht im Zustand der Glückseligkeit, Samprajnata-Samadhi, ein veränderter Geisteszustand, in dem mentale Fluktuationen und Veränderlichkeiten abgestellt werden; dies ist der Bewußtseinszustand im Tiefschlaf.

Es gibt auch einen vierten Zustand, den Zustand der vierten Dimension. In der Terminologie des Yoga ist dies *Turiya*, der Zustand des unbewußten Bewußtseins. In jüngster Zeit interessieren sich moderne Psychologen sehr für diesen Zustand, in dem der bewußte Geist zwar vollständig erlischt, aber gleichzeitig vollkommen bewußt ist. Dieser Zustand ist auch als «veränderter Bewußtseinszustand» bekannt.

Die Wissenschaft des Yoga schafft, eine Atmosphäre der Ruhe und gewohnheitsmäßiger Zielgerichtetheit. Sie führt zur Einheit in Denken und Handeln, gibt Anleitung zur Reinigung des Geistes, wobei sich die Aufmerksamkeit erhöht, das innere Zwiegespräch beendet wird und innere Stille einkehrt. Durch regelmäßiges Praktizieren von Yoga, ist es möglich, sich mit der Zeit von allen Dingen, an denen man hängt, zu lösen; Yoga verbessert die körperliche und geistige Gesundheit und Leistungskraft, und gibt Anweisungen für eine besondere Ernährungsweise, die hilfreich für die Ausführung der Disziplinen ist, Selbstbeherrschung unterstützt und der Bewußtseinserweiterung dient. Die Yoga-Wissenschaft kennt verschiedene Wege für die verschiedenen Menschentypen oder Temperamente:

1. Raja-Yoga, der Yoga der Meditation

Durch Aufhebung des Denkprinzips ist es möglich, willentlich die Vereinigung mit dem Absoluten herbeizuführen.

2. Jnana-Yoga, der Yoga des wahren Wissens

Durch beständige Unterscheidungsschau von Wirklichem und Unwirklichem ist es möglich, durch wahres Wissen zur Einheit zu gelangen.

3. Karma-Yoga, der Yoga des selbstlosen Handelns

Dies ist das Handeln, bei dem die Handlungen oder Pflichten um ihrer selbst willen ausgeführt werden. Dieser Yoga-Weg ist ungeeignet für Menschen, die auf der Suche nach Vergnügen sind und ihre Instinkte ausleben wollen. Karma Yoga macht es möglich, durch Dienen Eins zu werden.

4. Bhakti-Yoga, der Yoga der spirituellen Hingabe

Durch spirituelle Hingabe, Liebe und Andacht wird die Einheit angestrebt.

5. Hatha-Yoga, der Yoga der körperlichen Disziplinen und Selbstbeherrschung

Der Lernende des Hatha Yoga strebt die Einheit mit körperlich-geistigen Mitteln und durch veränderte Bewußtseinszustände an. Hatha Yoga eignet sich für Menschen, die körperliches Training zur Entwicklung bestimmter Stärken brauchen, um ungestört meditieren zu können.

Jede dieser Yoga-Disziplinen nähert sich mit den ihr eigenen Mitteln den gleichen Zielen: die Einheit des Seins, die Einheit von Denken und Handeln und die Einheit von Innerem und Äußerem zu erreichen.

Tantra-Yoga

Als eine Kombination der zuvor erwähnten Yoga-Pfade ist Tantra-Yoga eine praktikable Yoga-Art, die Körper und Geist als Einheit betrachtet, in der der Körper ein Vehikel, der Träger des Geistes ist. Gemäß diesem System ist der Geist abstrakt und der Körper konkret. Mit Hilfe des konkret Materiellen, dem Körper, können wir mit dem abstrakten Geist arbeiten. Im Körper befinden sich die psychischen Zentren. Der funktionale Aspekt des Zentralnervensystems wird «Geist» («Mind») genannt. Alle Reaktionen haben ihren Ausgangspunkt in der Wirbelsäule. Das Grundprinzip des Tantra ist *Shakti* (weibliche Kraft), die sich als Materie und Geist manifestiert; das höchste Bewußtsein jedoch ist vom Geist befreit. Wo kein Geist (Mind) ist, gibt es keine Begrenzung, und erst dann ist der Mensch reines Bewußtsein. Will man die Ebenen des Geistes überschreiten, hält man das Vehikel (den Träger) an, damit es aufhört aktiv zu sein. *Prana* (Atem) ist das Vehikel, der Träger des Geistes. *Apana* ist Prana, das in dem Gebiet vom unteren Nabelbereich bis

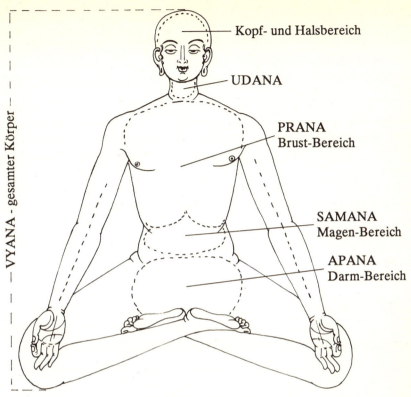

Pranas im Körper

zum Anus tätig ist. Apana ist für alle Aktivitäten im Beckenbereich verantwortlich, u.a. auch für Ejakulation, Urinlassen und Darmentleerung. Wenn dieses – mit negativen Ionen geladene – Prana dazu gebracht wird, mit Apana zu operieren und durch den mittleren Kanal in die Wirbelsäule einzudringen, findet eine Verschmelzung der negativen Ionen des Prana und der positiven des Apana statt. Diese Verschmelzung erzeugt ungeheure Mengen Energie, die wiederum der *Kundalini,* der schlafenden Energie, die an der Basis der Wirbelsäule ruht, zum Aufstieg verhilft. Der Übende muß sich mit Hilfe verschiedener Reinigungsübungen – *Asanas* (yogische Körperhaltungen), *Mudras* (Handhaltungen) und *Pranayama* (yogisches Atmen) – auf die Erzeugung dieser Energie körperlich vorbereiten.

Das System, das sich mit der Erweckung der Kundalini befaßt, ist im wesentlichen tantrischen Ursprungs. Es funktioniert durch die Vereinigung von Psyche und Materie, und von Mind (Geist) und physischem Körper. Im Prinzip spielt der Körper eine große Rolle, indem er verschiedene Gefühlsstimmungen erzeugt, einschließlich der höchsten Stimmungslage, Samadhi, dem Gefühl der Glückseligkeit. Dieser Zustand wird erreicht, indem man Energie durch das Nervensystem und durch die Wirbelsäule lenkt. Die Energie steigt durch einen engen Kanal in der Wirbelsäule auf und bewegt sich durch die sechs psychischen Zentren, bevor sie ihren endgültigen Aufenthaltsort, das siebente Zentrum, erreicht. Das siebente Zentrum befindet sich unter der Schädeldecke, im Hohlraum zwischen den beiden Hemisphären des Gehirns. Hier findet wiederum eine Verschmelzung statt, bei der die Aktivitäten des Geistes vollständig eingestellt werden. Beide Hemisphären werden ruhig, der innere Dialog verstummt, man verliert jegliches Gefühl für Raum und Zeit, und die Identifikationen und irrigen Vorstellungen der Erscheinungswelt lösen sich auf.

Die Chakras

Chakras sind psychische Zentren, die sich weder durch eine materialistische noch durch eine physiologischen Sichtweise vollständig beschreiben lassen. Auch ein Gemälde kann man nicht allein aufgrund seiner Linien, Kurven und verschiedenen Farbschattierungen beschreiben, obgleich sie die Grundstruktur des Gemäldes bilden. Auf gleiche Weise kann man Chakras weder mit Begriffen der Psychologie, Physiologie oder anderer Naturwissenschaften beschreiben. Chakras sind die Zentren, in denen eine feinstoffliche Lebenskraft – genannt Sukshma Prana (feinstoffliches Prana) – aktiv ist. Da sie in wechselseitiger Beziehung zum parasympathischen, sympathischen und vegetativen Nervensystem stehen, ist der grobstoffliche Körper mit ihnen verbunden.

Chakra ist ein Sanskritwort, das «Kreis» und «Bewegung» bedeutet. Da alles im Körper rund ist und sich ständig bewegt, werden die Zentren dieser Bewegungen Chakras genannt. Chakra ist auch ein Begriff, der für *das Rad* verwendet wird. Chakras kann man sich als Räder des Geistes (Mind) vorstellen, die sich mitten im Wald der Wünsche bewegen. Und Wünsche sind, genau wie die Räder eines Wagens, starke Antriebskräfte. Jedes Chakra ist Stufe für Stufe ein Spielplatz der Wünsche. Das ganze Leben verbringt man in diesem

Wald der Wünsche, und man verhält sich in den verschiedenen Situationen des Lebens immer so, wie es dem Chakra entspricht, in dem man sich gerade am wohlsten fühlt.

Wenn wir über Chakras sprechen, müssen wir notwendigerweise die feinstofflichen Aspekte dieser Zentren erklären. Nerven sind nur Vehikel (Träger), aber die Botschaft ist subtil und weder frei von Bewußtsein noch von Selbstbewußtsein. Das Grobstoffliche und Feinstoffliche im menschlichen Organismus ist durch Zwischenleitungen mit den Sinnes- und Tatorganen verbunden. Mit Hilfe von Yoga kann man beide Organarten trainieren und disziplinieren, damit sie ein nützliches Instrument für den Körper werden. Der Yoga-Schüler wird zum besten Freund seines Körpers, seiner Sinnes- und Arbeitsorgane und der rechten und der linken Hälfte seines Körpers, die er in Einklang bringen kann, obwohl sie normalerweise abwechselnd tätig sind. Der Yogapfad, der sich besonders mit den Chakras und der schlafenden Kundalini-Energie befaßt, ist unter verschiedenen Namen bekannt: Kundalini-Yoga, Laya-Yoga, Kriya-Yoga und Shaktipatamaha-Yoga.

Dieses Buch befaßt sich mit Tantra-Yoga, die hier gegebenen Illustrationen sind von illustrierten tantrischen Texten übernommene Faksimile. Die Beschreibung die jedes Chakra begleitet, erklärt die Bedeutung der einzelnen Figuren, die jeweils abgebildet sind. Die Bilder sprechen ihre eigene Sprache und helfen dem Lernenden, sich die Chakras einzuprägen. Sie sind vor allem dann von großem Wert, wenn man versucht, die Chakras während der Meditation zu visualisieren. Die Konzentration auf Körperorgane oder auf bestimmte Punkte im Körper, wie sie von vielen spirituellen Lehrern empfohlen wird, ist irreführend, da Chakras nicht materiell sind. Der ernsthaft Übende ist am besten beraten, wenn er sich auf die Gottheiten der Chakras konzentriert, die die unterschiedlichen Aspekte des Bewußtseins repräsentieren und uns deshalb mit jenen Bewußtseinszuständen in Kontakt bringen, die für die verschiedenen Chakras charakteristisch sind. Die Zentren haben eine klare Verbindung zum grobstofflichen Körper und seinen physischen Funktionen. Die Illustrationen der Chakras ermöglichen es dem Leser zu meditieren, während er die Zeichnungen farbig ausmalt und dabei gleichzeitig den Bija (Kern)-Laut des jeweiligen Chakras intoniert sowie die anderen Laute, die in den einzelnen Lotosblättern der Chakras enthalten sind.

Eine der Hemisphären des menschlichen Gehirns ist visuell orientiert, die andere verbal. Die visuelle Hemisphäre verarbeitet die visuellen Darstellungen der Chakras, die hier speziell zum Zweck des farbigen Ausmalens zugefügt wurden. Gleichzeitig ist die verbale Hemisphäre mit dem Intonieren der Töne und Kernlaute beschäftigt. Der gleichzeitige Einsatz von Hören und Sehen, von rechter und linker Hemisphäre, ist eine Form von Tantra. Wer diese Übung meistert, wird sich in einem meditativen Zustand wiederfinden, in dem er weder regungslos noch untätig ist. Die Formen und Farben inspirieren auf sehr subtile Weise.

Dieses Buch ist eine Einführung in das klassische Verständnis der Chakras. Seine Wurzeln sind praktischen und alten Ursprungs, doch bis heute wirksam anwendbar.

Kundalini 2

Chakras sind, wie bereits gesagt, keine materiell greifbare Realität und können nicht vom rein materiellen oder physiologischen Verständnis her erklärt werden. Wir müssen daher die subtilen Aspekte dieser psychischen Zentren besprechen, die in Zusammenarbeit mit Nerven, Zellen und Gefäßen funktionieren und durch Zwischenleitungen mit dem grobstofflichen System, mit den Sinnes- und Tatorganen, verbunden sind. Besonders für diejenigen, die Kundalini gerne erwecken möchten, ist es wichtig zu wissen, daß sie die unbewegliche Kraft ist, die alle Funktionen und Aktivitäten im Körper unterstützt, und daß sie, genau wie das Bewußtsein, kein Organ besitzt. Durch die Ein- und Ausatmung erhält Kundalini alle Wesen dieser Welt am Leben. Kundalini ist eine vitale Kraft.

Das Wort Kundalini ist von dem Sanskritwort «kundal» abgeleitet, was «Windung», auch «Spirale» bedeutet. Sie wird mit einer Schlange verglichen, die, wenn sie ruht und schläft, zusammengerollt daliegt. Der Vergleich zwischen einer Schlange und Kundalini entstand aufgrund ihrer eigenartigen spiralenhaften und schlangenartigen Bewegungweise. Kundalini ist ein Aspekt des ewigen, höchsten Bewußtseins, das sowohl charakteristisch als auch eigenschaftslos ist. Der eigenschaftslose Aspekt (Nirguna) stellt den Willen des kosmischen Bewußtseins dar, er ist reines Bewußtsein. In dem mit Eigenschaften verbundenen Aspekt (Saguna) des höchsten Bewußtseins, wird diese Energie oft als Kundalini, einem Aspekt der großen Göttin personifiziert, so wie die uranfängliche Energie (Shakti) als Göttin Shakti (Gemahlin Shivas) personifiziert wird. Durch die Kraft der Kundalini agieren alle Kreaturen. In jedem einzelnen Körper ruht dieselbe schlafende Energie, als statisches Zentrum, um das sich jede Form von Existenz bewegt. Auch in und hinter jeder

Aktivität der manifestierten Welt steckt immer eine Kraft, ein statischer Hintergrund.

Bei Durchsicht der Hatha Yoga- und Tantra-Schriften fällt ins Auge, daß es Kundalini in statischer und kinetischer Energieform gibt und so in allen manifestierten Erscheinungen vorhanden ist. Die kinetische Energie ist die Energie, die von den Manifestationen für ihre Existenz benötigt wird; die statische Energie bleibt während des gewöhnlichen Wachbewußtseins in ihrem Schlaf. Sobald man sich seines «Selbst» bewußt wird und den höheren Sinn im Leben begreift, wenn man erkennt, daß es auch einen anderen Bewußtseinszustand jenseits des gewöhnlichen Wach-, Schlaf- oder Traumzustandes gibt, wenn die Wünsche nach sinnlichen Vergnügen gestillt sind und die Welt der Erscheinungsformen keine Anziehungskraft mehr hat, erfährt man einen Zustand der Gelöstheit, der Innerlichkeit. Dieser Rückzug aus der Verstrickung öffnet die Tore zur Innenwelt, und man erlebt ein Licht, das zur Einheit führt, zur Vereinigung von Materie und Geist.

Zu diesem Zeitpunkt totaler Veränderung wird die statische Energie, die bisher geschlafen hat, kinetische Energie; sie bewegt sich in eine dem Gesetz der Schwerkraft entgegengesetzte Richtung und durchläuft die psychischen Zentren, die sich in der Wirbelsäule befinden. Die Kraft, die die Energie durch den Zentralkanal fließen läßt, stammt aus der Verschmelzung der negativen Ionen des Prana mit den positiven Ionen des Apana. Apana befindet sich in dem Gebiet unterhalb des Nabels, in der Beckengegend. Die Energie, die an der Basis der Wirbelsäule ruht, ist statisch. Kundalini ruht dort, wo sich die oberen Knochen des Steißbeines und die unteren Knochen des Kreuzbeines in einem Bündel von Nerven treffen, das wie eine fasrige Wurzel aussieht. Traditionell wird dieser Ort Muladhara Chakra oder Basisplexus genannt. Durch die Ausübung von Hatha-Yoga, *Laya-Karma* (das sind *Mudras* oder Gesten) und Asanas (Körperhaltungen), in Verbingung mit Meditation, Mantra-Rezitation und Visualisierungstechniken ist es möglich, die schlafende Energie zu aktivieren, die mit Hilfe des autonomen und parasympathischen Nervensystems arbeitet, die beide mit den Ganglien (Nervenknoten) verbunden sind, aus denen die wesentlichen Plexi zusammengesetzt sind. Die schlafende Energie wird zum höchsten Punkt gelenkt, ins siebte Chakra, das als der Sitz des individuellen Bewußtseins beschrieben wird. Auch hier findet wieder eine Verschmelzung von positiven und negativen Ionen statt. Die Kraft, die bei einer solchen Fusion entsteht, bewirkt eine so starke Erleuchtung, daß die geistige Ignoranz (Unwissenheit) und damit die Ursache der Dualität zerstört wird. Wer diesen Zustand erfährt, erlangt das non-duale Bewußtsein und wird erleuchtet. Gemäß der Hindu-Schriften überquert der wahre Yogi den Ozean von Geburt, Krankheit, Alter und Tod.

Die schlafende Energie ist, wenn sie erweckt wird, durch die *Nadis* tätig. Das Wort *Nadi* ist von der Sanskritwurzel «nad» abgeleitet und bedeutet Bewegung. Im Rigveda, der ältesten Hindu-Schrift, bedeutet das Wort Nadi: «*Strom*». Das Konzept der Nadis beruht auf dem Verständnis, daß Nadis Kanäle sind. Jeder Kanal, durch den etwas fließt, ist ein Nadi. Das Konzept der Nadis umfaßt auch die Akupunkturmeridiane; die Ströme des Herzgefäßsystems, der Lymphe, Nerven, Muskeln, Arterien, Venen, die *Manovahini* oder *Manovaha* (Kanäle des Mind) sowie den *Chittavaha*, den Kanal des *Chitta* (des Selbst). Nadi kann daher auch mit «Gefäß», «Kanal», «Band», «Röhre» oder «Leitung» übersetzt werden.

Entsprechend dieser Definition gibt es zwei verschiedene Typen von Nadis:

- feinstoffliche – unsichtbare Kanäle subtiler Energie
- grobstoffliche – Kanäle subtiler Energie, die in Form von Bändern, Gefäßen oder Röhren sichtbar sind.

Obige Erklärung weist klar darauf hin, daß nicht nur Nerven, sondern alle Arten von Kanälen Nadis sind, und deshalb wurde der Begriff «Nerv» in den Texten der Ayurveda, der alten indischen Heilkunde, nicht für Nadis verwendet. Die tantrische Anatomie beschäftigt sich nicht mit Beschreibungen der grobstofflichen und feinstofflichen Nervensysteme. Gemäß der tantrischen Tradition besteht das Universum im wesentlichen aus zwei Dingen: Materie und Energie oder, in anderen Worten, aus *saguna* (mit Eigenschaften) und *nirguna* (ohne Eigenschaften).

Tantra betrachtet Materie als Vehikel (Träger) der Energie, und Energie besitzt Bewußtsein (mit Ausnahme der Energie, die eigenschaftslos, also auch ohne Bewußtsein ist). Dieses Bewußtsein findet, wenn es sich manifestiert, ein Vehikel, ein Gefäß für sich selbst. Und das Gefäß ist *Manas* oder der Mind. Das Bewußtsein hat eine vierfältige Natur. Es ist eine Kombination aus folgendem:

Manas – Mind (Geist, Verstand, Denkvermögen)
Buddhi – Intellekt (intuitive Intelligenz, Urteilskraft)

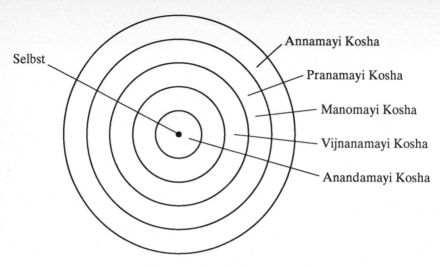

Die fünf Hüllen des Bewußtseins

Ahamkara – Identifikation (Ich-Bewußtsein, Ego)
Chitta – Sein (das Selbst)

Während das Bewußtsein sich verkörpert, existiert es in fünf *Koshas* (Schichten oder Hüllen) und wirkt durch den physischen Körper, dem besten Ausdrucksmittel. Diese Schichten sind:

Annamaya Kosha – Hülle der Materie [die aus Nahrung (anna) gemachte (maya) Hülle (kosha)]
Pranamaya Kosha – Hülle des Lebensatems [die aus den Vitalkräften (prana) gebildete Schicht]
Manomaya Kosha – Hülle des Geistigen [die aus dem Gemüt und den Sinnen (manas) gebildete Schicht]
Vijnanamay Kosha – Hülle des Wissens (die aus Verstehen gebildete Schicht)
Anandamaya Kosha – Hülle der Seligkeit (die aus Seligkeit gebildete Schicht)

Der physische Körper besteht aus acht Komponenten, die als die *Mulaprakriti* bekannt sind: 1. *Manas* (Mind, Geist, Verstand), 2. *Buddhi*

(Intellekt, Urteilskraft), 3. *Ahamkara* (Ego/Identifikation) und den fünf Elementen: 4. *Akasha* (Raum/Äther), 5. *Vayu* (Luft), 6. *Agni* (Feuer), 7. *Apah* (Wasser) und 8. *Prithivi* (Erde). Die fünf Elemente bilden die drei Doshas oder grundlegenden Körpersäfte:

Vayu – Wind (vom Element Luft)
Pitta – Galle (vom Element Feuer)
Kapha – Schleim (eine Kombination aus den Elementen Wasser und Erde)

Ferner gibt es die drei *Gunas*, oder Qualitäten, die durch die Doshas wirken:

Sattva (Gleichmut, Leichtigkeit)
Rajas (Leidenschaft)
Tamas (Trägheit, Dunkelheit)

Wir sehen also, daß die gesamte Oktave des Prakriti innerhalb des menschlichen Organismus existiert. (Ein bekannter tantrischer Ausspruch lautet: «Wie im Makrokosmos, so im Mikrokosmos.») Die verbindende Kraft in diesem gesamten Netzwerk ist Prana Vayu, der durch spezielle Nadis wirkt – Pranavaha Nadis (Träger parnischer Kraft) und Manovaha Nadis (Träger mentaler Kraft).

Die Nadis

Die Nadis stehen mit den Chakras in Verbindung. Der zentrale Kanal, Sushumna, spielt in der Praxis des Yoga und Tantra eine entscheidende Rolle. Chakras sind die Zentren im Körper, in denen der physisch-psychische Energie-Austausch geschieht, und Prana ist die Kraft, die das Körperliche mit dem Geistigen und das Geistige mit dem Spirituellen verbindet. Tatsächlich sind Körperliches, Geistiges und Spirituelles ein und dasselbe, sie sind auf allen Ebenen gemeinsam tätig. Einige der grobstofflichen Nadis, wie etwa die Nerven, Venen und Arterien des Körpers, sind der modernen Medizin bestens bekannt. Da jedoch nicht alle Nadis eine materielle Form annehmen, noch in ihrer Eigenart erkennbar sind, ist es unmöglich, sie zu lokalisieren, sie zu beobachten oder ihren Verlauf mit Hilfe von Instrumenten zu verfolgen, da

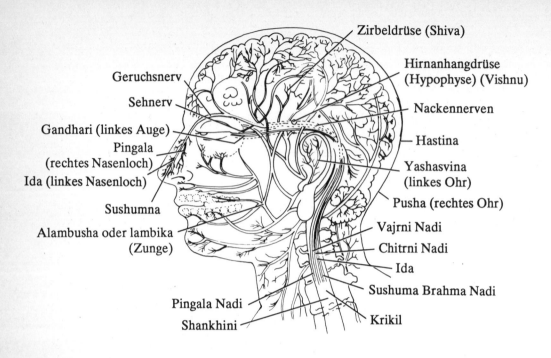

Die Hauptnadis im Kofbereich

Instrumente einfach nicht subtil genug sind. Es gibt zwei Arten von feinstofflichen Nadis:

    Pranavaha Nadis – Leitungen der pranischen Kraft
    Manovaha Nadis – Leitungen der mentalen Kraft

Pranavaha und Manovaha Nadis haben generell den gleichen Verlauf. Obwohl sie sich jeglicher Beschreibung entziehen, sind sie irgendwie mit den sensorischen Nerven des autonomen Nervensystems verbunden. Yoga Nadis und die Nerven des autonomen Nervensystems arbeiten auf die gleiche Weise zusammen wie die Psyche mit dem Körper.

Gewisse anatomische Studien widersprechen der Beschreibung des Sushumna, wie sie in tantrischen Schriften gegeben wird. Sie gehen davon aus, daß der zentrale Kanal lediglich Rückenmarkflüssigkeit enthält, ohne zu erwähnen, daß sich dort auch Nervenfasern befinden. Neurologisch gesehen ist es nicht möglich, daß die Rückenmarksleitung am obersten Scheitelpunkt eine Öffnung hat, durch die Prana ungehindert hinein- und hinausfließen kann. Daher ist es schwierig, eine genaue Anatomie der Chakras zu erstellen. Die Akupunktur kennt einen Meridian, er ist als «*Governor Vessel Meridian*» bekannt, der einige Entsprechungen mit Sushumna hat. In diesem Meridian beginnt der Energiefluß an der Steißbeinspitze, steigt die Wirbelsäule hinauf, erreicht den obersten Scheitelpunkt am Kopf und verläuft dann wieder an der Meridianlinie entlang nach unten zu einem Punkt dicht unterhalb des Nabels. Akupunktur-Meridiane können mit Pranavaha Nadis verglichen werden.

Gemäß der tantrischen Schrift Shiva-Samhita gibt es vierzehn Hauptnadis. Von diesen werden Ida, Pingala und Sushumna für die wichtigsten gehalten; alle Nadis sind Sushumna untergeordnet. Das Prana wandert durch Sushumna vom Becken-Plexus zum Brahma Randhra («der Höhle des Brahman», dem Hohlraum zwischen den beiden Hemisphären des Gehirns), der im Inneren der Zentralnervensystem-Achse liegt. Das Muladhara Chakra ist der Treffpunkt der drei Haupt-Nadis; dieser Treffpunkt ist unter dem Namen Yukta-Triveni (yukta = «vereinigt», tri = «drei», veni = «Ströme») bekannt.

Die ersten zehn Nadis sind, gemäß der *Shiva-Svarodaya* mit den zehn «Toren» oder Öffnungen des Körpers verbunden:

1. Sushumna oder Brahma Randhra (Fontanelle)
2. Ida (linkes Nasenloch)
3. Pingala (rechtes Nasenloch)
4. Gandhari (linkes Auge)
5. Hastajihva (rechtes Auge)
6. Yashasvini (linkes Ohr)
7. Pusha (rechtes Ohr)
8. Alambusha (Mund)
9. Kuhu (Genitalien)
10. Shankhini (Anus)

1. Sushumna
Sushumna ist zentral gelegen und zieht sich durch den Meru Danda (die Wirbelsäule). Laut V. G. Real* hat Sushumna Nadi seinen Ursprung im Innern des *Kanda* (Gewebefasern, um die sich Nerven vernetzen), der in

---

* *Mysterious Kundalini* (Bombay: Taraporavala Sons, 1928)

ungefährer Nabelhöhe liegt. Diese Aussage steht im Widerspruch zu jenen der meisten anderen Yoga-Schriften; vor allem die *Shandilya Upanishad*, bezeichnet das Muladhara als den Sitz des Sushumna. Die Shiva Svarodaya nennt 72 000 Nadis und bezeichnet nur drei davon als die Hauptnadis: Ida, Pingala und Sushumna.

Sushumna Nadi hat seinen Ursprung im Muladhara Chakra, läuft den Körper hinauf, durchbohrt den *Talu* (Gaumen an der Schädelbasis) und vereinigt sich mit dem Sahasrara (dem Plexus der tausend Nadis über dem Scheitelpunkt des Kopfes, das als «Tausendblättriger Lotos» bekannt ist). Dieser Nadi teilt sich in zwei Zweige: den vorderen und den hinteren Sushumna.

Der vordere Zweig verläuft zum Ajna-Chakra, das auf gleicher Höhe mit den Augenbrauen liegt und sich dem Brahma Randhra anschließt. Der hintere Zweig verläuft *hinter* dem Schädel und schließt sich ebenfalls dem Brahma Randhra an. Der Raum zwischen den beiden ist auch als Bhramara Gupha («Höhle der Hummel») und Andha-Gupha («blinder Schacht» oder «das zehnte Tor» – siehe Abbildung Seite 12 – bekannt. Von außen gesehen ist dies die «weiche Stelle» oder Fontanelle, die bei einem Neugeborenen noch offen ist. In den ersten Lebenswochen eines Kindes kann man an dieser Stelle noch ein Pulsieren wahrnehmen, nach dem sechsten Lebensmonat beginnt sich diese Stelle zu verhärten. Danach kann sie nur noch durch bestimmte Praktiken des Laya-Yoga, Svara-Yoga, Kriya-Yoga oder Nada-Yoga geöffnet werden. In den Shastras (Schriften) wird gesagt, daß jemand, der seinen Körper durch das zehnte Tor verläßt, den «Weg ohne Wiederkehr» beschreitet (das heißt, er erlangt Befreiung aus dem Kreislauf von Tod und Wiedergeburt). Einige Yogis befolgen spezielle Disziplinen, um das zehnte Tor so vorzubereiten, daß der letzter Atemzug die Seele durch dieses Tor zur Befreiung tragen kann. Der wahrhaft Lernende, der nach Befreiung strebt, wird mit dem hinteren Zweig des Sushumna Nadi arbeiten.

Ein weiteres besonderes Merkmal des Sushumna-Nadi ist, daß er nicht zeitgebunden ist. Wenn ein Yogi sein Bewußtsein während der Meditation in die Mitte zwischen die Augenbrauen, in das Ajna-Chakra (Dritte Auge) lenkt und Prana in die Brahma Randhra-Region transzendiert, befindet er sich jenseits der Zeit. Er wird ein Trikala-Darshi (Seher der drei Zeiten), einer der Vergangenheit, Gegenwart und Zukunft kennt. Im Ajna-Chakra überschreitet er die Zeit, und der Tod kann ihn nicht berühren. Die Funktionen des physischen Körpers kommen zum Stillstand, und der Prozeß des Alterns hört auf. Kurz vor dem Tode atmen alle Menschen im Sushumna-Atem, bei dem

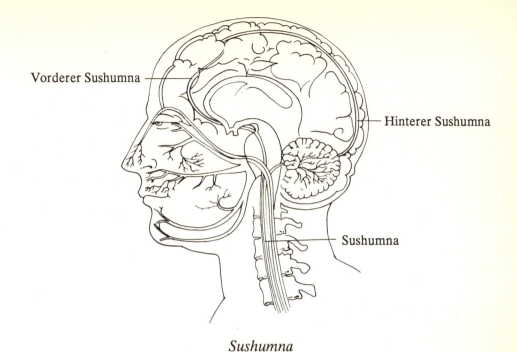

Sushumna

beide Nasenlöcher gleichzeitig aktiv sind. Es heißt, daß der Tod – mit Ausnahme des Unfalltodes – nicht eintreten kann, wenn entweder Ida oder Pingala alleine dominieren. Solange der Atem also nur durch das rechte oder das linke Nasenloch einseitig fließt, kann der Körper nicht sterben.

Sarasvati-Nadi und Brahma-Nadi sind weitere Namen für Sushumna. Doch sind diese Bezeichnungen nicht ganz korrekt, denn Sushumna ist ein Kanal, in dem sich noch weitere *Sukshma-* (feinstoffliche) Nadis befinden und Sarasvati ist ein ergänzender Nadi, der außerhalb Sushumnas links neben ihm fließt. Dem *Lalita-Sahasranama* (ein tantrischer Text, der der Göttin gewidmet ist) zufolge trägt der feuerrote tamasische Sushumna in sich den leuchtenden *rajasischen* Vajra-Nadi, der das Wesen von Sonne und Gift in sich hat, und einen blassen, nektartriefenden *sattvischen* Chitra-Nadi, der das Wesen des Mondes hat. Dieser Nadi ist für Träume, Halluzinationen und Visionen verantwortlich. Das Sanskritwort *Chitra* bedeutet «Bild» oder «Gemälde». Dieser Nadi ist automatisch aktiv in Malern, Dichtern und visionären Künstlern. Das Ende des Chitra-Nadi heißt Brahma Dvara («die Tür des Brahman»),

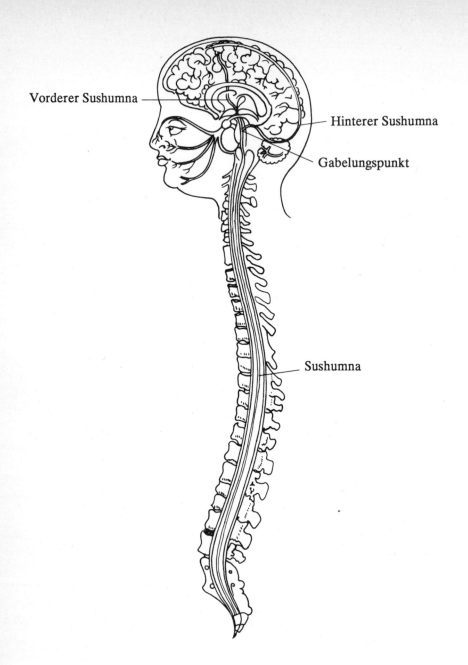

Anfang und Ende von Sushumna

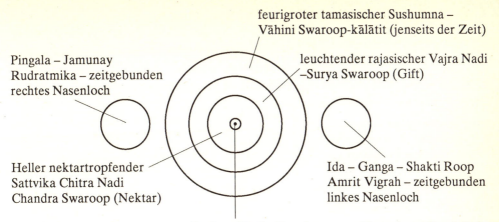

Sushumna Querschnitt gemäß *Lalita Sahasranāma*

und die Kundalini-Devi steigt durch diese Tür zu ihrer endgültigen Wohnstatt auf – dem Manasa-Chakra, Lalana-Chakra oder Soma-Chakra – dem Ort, an dem sich Kameshvara und Kameshvari (Shiva und Shakti) treffen, und der sich direkt über dem Punkt befindet, an dem Kamadhenu (die wunschvollfüllende Kuh) ansässig ist.

Wie bereits erwähnt, ist im Muladhara-Chakra der Treffpunkt der drei Haupt-Nadis, der Yukta Triveni genannt wird (*Yukta*, «Anteil haben» und *Triveni*, «Treffpunkt dreier Ströme»). Von Muladhara aus verlaufen sie, sich an jedem Chakra überkreuzend, bis hinauf zum Ajna-Chakra, wo sie sich nochmals vereinigen und mit Sushumna einen losen Knoten bilden. An diesem Punkt nennt man das Zusammentreffen der drei Ströme «Mukta-Triveni» (*mukta* bedeutet «befreit, erlöst»). Da das sechste Chakra (Ajna Chakra) sich jenseits der Elemente befindet, wird der Yogi, der durch seine yogische Kraft und über Sushumna diese Ebene erreicht, von allen Bindungen befreit. Hat er einmal diese Ebene erreicht, hält er den Zustand von Kevali-Kumbakha (die Fähigkeit, den Atemfluß zu reduzieren) aufrecht. Jenseits des Knotens im Ajna-Chakra enden Ida und Pingala im rechten bzw. linken Nasenloch. Auf diese Weise sind Chitra und Vajra als lunare und solare Ströme tätig, und Brahma-Nadi fungiert als feuriger tamasischer Sushumna. Die Nadis Vajra und Chitra sind die inneren solaren und lunaren Strömungen Sushumnas. Sie sind die Manovahi-Nadis, die in der *Sushruta-Samhita* wie auch von dem buddhistischen Philosophen Vijnanabhikshu erwähnt wurden. Ein Yogi, dessen Bewußtsein die Ebene des sechsten Chakra erreicht hat, ist *Tattvatita* (jenseits der Elemente); aber er ist noch stets anfällig für Stimmungsveränderungen, die von der Vorherrschaft der einen oder anderen Guna (Eigenschaften, Qualitäten der Materie) verursacht werden. Er ist noch kein Gunatita («einer, der jenseits der Eigenschaften der Materie ist»). Erst wenn er Gunatita ist, erlangt er Nirvikalpa-Samadhi (auch bekannt als Nirbija oder «keimloses» Samadhi) – einen besonderen Zustand tiefer und bleibender Meditation.

Rechts und links außerhalb des Meru-Danda (der Wirbelsäule) sind die Nadis Ida und Pingala. Die Substanz des Sushumna-Nadi, die sich in der Mitte befindet, besteht aus dreifachen Kanälen, den Gunas. Die Nadis Vajra und Chitra beginnen an einem Punkt zwei Fingerbreit über dem Sushumna.

Das Dreieck des Kameshvara-Chakra (Abb. Seite 107) besteht aus drei Nadis:

1. KAUSAL	Raudri	Bindu	Shiva	Para
2. PHYSISCH	Jyestha	Nada	Shiva-Shakti	Sthula
3. ASTRAL	Vama	Bija	Shakti	Sukshma

2. Ida

Ida ist der linke Kanal. Als Träger der lunaren Strömungen ist Ida von weiblicher Natur und der Speicher lebensspendender, mütterlicher Energie. Ida nährt und reinigt, und wird deshalb auch Ganga (Ganges) genannt. Manchmal wird Ida als das linke Auge dargestellt. Im Swara-Yoga repräsentiert Ida den «linken» Atem, was bedeutet, daß der Atem, der verstärkt durch das linke Nasenloch aus- und einfließt. Links wird in den Tantras als magnetisch, weiblich, visuell und emotional beschrieben. In der Praxis des Pranayama (der Yoga-Atmung), mit Ausnahme beim Surya-Bhedana-Pranayama, beginnt man die Puraka (Einatmung) mit dem linken Nasenloch. Das stimuliert den Ida-Nadi, der im linken Hoden entspringt und im linken Nasenloch endet. Die spezielle Atmung durch das linke Nasenloch aktiviert den Ida-Nadi, und seine nährenden Substanzen reinigen den chemischen Haushalt des Körpers, was sich positiv bei der Meditation auswirkt. Die Shiva Svarodaya und die Jnana

Svarodaya empfehlen, alle wichtigen Aktivitäten, besonders jene, die dem Leben Stabilität geben, auszuführen, wenn Ida aktiv ist.

Menschen, die Swara-Yoga praktizieren, achten darauf, daß während des Tages das linke Nasenloch offen ist, als Ausgleich zur solaren Energie, die tagsüber (von der Sonne) natürlicherweise überwiegend in der Atmosphäre vorhanden ist und aufgenommen wird. Der Ida-Nadi ist von Natur aus sattvisch. Hält man ihn während des Tages (der Tag wird von rajasischer Energie dominiert) aktiv, kann man Sattva vermehren und so in sich ein Gleichgewicht schaffen, das bewirkt, daß man entspannter und geistig wachsamer ist. Ida Nadi sorgt dafür, daß das Gehirn mit frischer Energie aufgetankt wird. Er befindet sich auf der linken Seite des Meru-Danda (der Wirbelsäule). Er wurde mitunter irrtümlicherweise mit der Kette von Nervenknoten identifiziert, die mit Nervenfasern verbunden sind (dem sogenannten «Sympatikus»). Zwar besteht eine starke Ähnlichkeit damit, vielleicht weil das sympathische Nervensystem unter anderem die Atmung regelt und beeinflußt und die Atmung in Verbindung mit den Nasenlöchern geschieht. Desgleichen gibt es eine Verbindung zwischen den Chakras und dem innersekretorischen Drüsensystem, die bisher von der westlichen Medizin noch nicht genau definiert wurde. Ida ist weder ein Nerv noch eine Verbindung innerhalb des sympathischen Nervensystems; er ist ein Manovahi-Nadi (Träger mentaler Kraft). In der Mythologie der verschiedensten Völker, besonders in Indien, wird der Mond (Sanskrit, *Chandra*) mit der Psyche in Verbindung gebracht. In der *Purusha-Sukta* heißt es: «Chandrama manaso jatah», das heißt: «Der Mond wurde vom Manas (Mind) des Virata-Purusha (höchsten Selbst) geboren».

Der «Mond-Atem» (der Atem, der durch das linke Nasenloch fließt), wird im Swara-Yoga *Ida* genannt. Yogis sehen Ida als einen Pranavahini-Nadi (Leiter pranischer Kraft) und sind der Ansicht, daß er einer der wichtigsten Manovahi-Nadis (Leiter mentaler, geistiger Kraft) ist. Mit Hilfe von Ida kann Prana durch das linke Nasenloch ein- und ausströmen. Während des zunehmenden Mondzyklus (von Neumond bis Vollmond) dominiert Ida neun Tage lang zur Zeit des Sonnenaufganges und des Sonnenunterganges. Selbst mit modernen technischen Mitteln ist es bis heute noch nicht gelungen, diesen Nadi zu lokalisieren. Aber der Pranavahi-Aspekt von Ida kann deutlich durch die Wirkungen des Swara-Sadhana (Praktizieren der Wissenschaft des Atems) und die Ausübung von des Pranayama wahrgenommen werden.

3. Pingala

Pingala ist der rechte Kanal. Als Träger der solaren Strömungen ist Pingala von männlicher Natur und ein Speicher der destruktiven Energie. Man nennt ihn auch Yamuna. Pingala ist auf seine eigene Weise ebenfalls reinigend, aber seine Reinigung ist wie die des Feuers. Pingala wird manchmal als rechtes Auge dargestellt. Im Swara-Yoga repräsentiert Pingala den rechten Atem, das heißt, den Atem, der durch das rechte Nasenloch ein- und ausströmt. Rechts gilt als elektrisch, männlich, verbal und von Natur aus rational. Der Pingala Nadi macht den physischen Körper dynamischer und effektiver, er versorgt ihn mit mehr Vitalität und männlicher Kraft. Surya-Bhedana-Pranayama (Atmung, um die Sonnenkraft/die rechte Seite zu stärken) wird praktiziert, um mehr Tatkraft, Ausdauer und solare Energie zu erzeugen. Surya-Bhedana-Pranayama stellt eine Ausnahme auf dem Gebiet der Yoga-Atmung dar: Bei dieser Pranayama-Übung beginnt man mit der Einatmung durch das rechte Nasenloch und erregt auf diese Weise den Pingala-Nadi. Im Swara-Yoga wird klar gesagt, daß der Pingala-Nadi einen Mann vollkommen «männlich» macht, genauso wie Ida eine Frau vollkommen «weiblich», feminin macht. Die Dominanz des rechten Nasenloches wird für körperliche Aktivitäten, kurzzeitige Tätigkeiten, Diskussionen, Debatten und, tatsächlich, für Duelle empfohlen.

Die Yoga-Praxis, das rechte Nasenloch während der Nacht geöffnet zu halten, wenn die solare Energie weniger stark vorhanden ist, trägt zur Aufrechterhaltung eines Gleichgewichts im Organismus bei. Wenn man den Ida Nadi tagsüber und den Pingala Nadi während der Nacht aktiv hält, gewinnt man an Vitalität und Lebenskraft. Pingala ist von Natur aus rajasisch (energetisch), hält man ihn während der tamasischen (trägen) Nachtstunden aktiv, vermehrt sich Gesundheit und wohlbefinden im gesamten Organismus.

Die Sonne, so sagen die Yogis, ist mit den Augen der Virata Purusha verwandt. In der Purusha Sukta steht geschrieben: «Chakshore Suryo Ajayatah». Das heißt: «Von den Augen kommt die Sonne», und bedeutet, daß aus den Augen des Virara Purusha die Sonne geboren wurde. Die Augen sind die Vehikel der Sonne. Die Augen unterscheiden. Augen – und Sonne – haben eine Beziehung zum Verstand und rationalen Denkvermögen. Die Nacht ist die Zeit der Phantasien, und die Dominanz der rationalen Seite des Gehirns (Dominanz des rechten Nasenloches) während der Nacht verhindert, daß man zuviel Energie durch Phantasieren verbrennt. Große Denker nutzen die Nacht zur Kontemplation. Es heißt: «Wenn für weltliche Menschen die Nacht anbricht, wird es Tag für den Yogi». Pingala ist wie Ida ein Manovahi und Pranavahi Nadi. Er ist aktiver während des abnehmenden Mondzyklus (von Vollmond bis Neumond) und funktioniert in der abnehmenden Mondphase neun Tage lang zur Zeit des Sonnenauf- und Sonnenunterganges. Willentliche Kontrolle über die Ida und Pingala-Nadis kann durch die Praxis des Swara-Yoga oder durch die Sadhanas (Disziplinen) des Pranayama erreicht werden. Der Pingala-Nadi bringt die Energie vom Zentrum der Verbrennung, dem Gehirn, wo Materie in Form von Sauerstoff und Glukose in lebensspendende pranische Energie verwandelt wird, herunter. Verschiedene Yoga und Ayurveda Texte beschreiben, daß die Luft, die wir einatmen, ihren Sitz in der Brustregion hat. Zusätzlich inhalieren wir mit dieser Luft Prana oder Lebenskraft.

4. Gandhari
Der Nadi Gandhari erstreckt sich von einem Punkt unterhalb des linken Augenwinkels bis zum großen Zeh des linken Fußes. Man kann ein sogenanntes «Gerstenkorn» am Auge heilen, indem man einen Faden um den linken großen Zehen bindet. Binden Sie den Faden vor Sonnenaufgang und binden Sie ihn nicht zu fest um den Zeh. Der Gandhara-Nadi kann durch das Sitzen im *Baddha-Padmasana* (Lotossitz) stimuliert werden, wobei man die großen Zehen in der Hand halten sollte. Der genaue Sitz geht folgendermaßen: Der Praktizierende kreuzt im Lotossitz die Arme hinter seinem Rücken und nimmt den großen Zeh des linken Fußes in die rechte Hand und den des rechten Fußes in die linke. Baddha-Padmasana stärkt diesen Manovaha-Nadi, der die psychische Energie von den großen Zehen bis zum Ajna-Chakra transportiert. Der Gandhari Nadi liegt neben dem Ida-Nadi und unterstützt diesen. Durch den Gandhari-Nadi und seinen Begleiter, den Nadi Hastajihva, wird psychische Energie aus dem unteren Teil des Körpers transportiert.

5. Hastajihva
Hastajihva erstreckt sich von einer Stelle unterhalb des rechten Augenwinkels bis zum großen Zeh des linken Fußes. Er ist ebenfalls ein ergänzender Nadi zu Ida, und die drei Nadis zusammen – Gandhari, Ida und Hastajihva – bilden den linken Kanal. Die *Shiva-Svarodaya* beschreibt, daß das rechte Auge der Endpunkt des Hastajihva Nadi ist. Die *Jabal-Upanishad* jedoch (benannt nach Satyakam Jabal) ist der Ansicht, daß ihr Endpunkt das linke Auge ist.

6. Yashasvini
Yashasvini erstreckt sich von rechten großen Zeh zum linken Ohr.

7. Pusha
Pusha erstreckt sich vom linken großen Zeh zum rechten Ohr. Dieser Nadi bildet, zusammen mit dem Yashasvini-Nadi, den rechten Kanal und ist eine Ergänzung zu Pingala.

8. Alambusha
Der Alambusha-Nadi beginnt am Anus und endet im Mund.

9. Kuhu
Der Kuhu Nadi beginnt in der Kehle und endet in den Genitalien. In tantrischen Praktiken, bei denen versucht wird, die Samenflüssigkeit aus den Genitalien in das Soma-Chakra zu lenken, dient der Kuhu-Nadi als Träger des *Bindu* (der Essenz der Samenflüssigkeit), und der Adept wird ein *Urdhvareta* (jemand, der seine Samenflüssigkeit aufwärts lenken kann). Menschen, die eine Übung namens *Vajrauli* praktizieren, sind in der Lage, diesen Nadi zu kontrollieren. Wer die Nadis meistern kann, erreicht die höchsten Bewußtseinszustände und erlangt besondere Kräfte, die man *Siddhis* (Vollkommenheiten) nennt; durch sie hat ein Yogi vollständige Kontrolle über die Tattvas und Gunas. Hier eine spezielle Übung für den männlichen Adepten: Er beginnt Wasser durch den *Lingam* (männliches Geschlechtsorgan) aufzusaugen. Später wird dem Wasser Milch hinzugefügt. Sobald der Adept fähig ist, reine Milch aufzusaugen, kann er zur nächsten Stufe fortschreiten, wo er übt, Öl, das noch schwerer ist als Milch, aufzusaugen.

Der nächste Schritt besteht darin, Meisterschaft in der Aufnahme von reinem Quecksilber zu erlangen. Während dieser Prozesse entwickelt der Adept seine Fähigkeiten, mit Prana zu arbeiten. Wenn er die Stufe erreicht hat, wo er mit seinem Lingam Quecksilber aufsaugen kann, wird er auch fähig sein, seine eigene Samenflüssigkeit zusammen mit der Vaginalflüssigkeit seiner weiblichen Partnerin einzuziehen. Diese höchste Praxis bringt ihn in einen Zustand des Samadhi, ausgelöst durch die Vereinigung der Gegensätze (der beiden Flüssigkeiten) in seinem eigenen physischen Körper. Übungen dieser Art sollten nur unter Anleitung eines erfahrenen Lehrers ausgeführt werden!

10. Shankhini
Shankhini beginnt in der Kehle, verläuft zwischen dem Sarasvati- und Gandhari-Nadi links neben dem Sushumna-Nadi und endet im Anus. Der Sankhini-Nadi wird durch *Vasti* (Einlauf) oder Ganesh-Kriya (Spülung des Anus) aktiviert. Beide Praktiken sind von großem medizinischen Wert. Sie sollten durch die Anweisungen eines Yogalehrers, der die Übungen selbst beherrscht, gelernt werden.

11. Sarasvati-Nadi
Der Sarasvati-Nadi beginnt im Muladhara Chakra und endet auf der Zunge. In Indien sagt man, daß Sarasvati, die Göttin der Sprache, des Wissens und der Schönen Künste «auf der Zunge» lebt und sich einmal täglich in allen Menschen ausdrückt; was immer ein Mensch zu diesem Zeitpunkt äußert, wird wahr. Dieser Nerv wird durch das Einhalten von Disziplinen und durch Reinigung aktiviert, und schließlich wird dann alles, was man sagt, «ins Leben gerufen», das heißt, es wird wahr. Die Zunge endet in der Kehle, deshalb wird auch oft gesagt, daß Sarasvati in der Kehle lebt, besonders in den Stimmbändern, den physischen Organen der Sprache. Der Sarasvati-Nadi ist von kamferartig weißer Farbe und seinem Wesen nach lunar. Er verläuft parallel zu Sushumna und ergänzt diesen.

12. Payasvini-Nadi
Payasvini-Nadi verläuft zwischen den Pusha- und Sarasvati-Nadi. Pusha verläuft in Ergänzung zu Pingala auf der rechten Seite, und Sarasvati (der Komplementär-Nadi von Sushumna) auf der linken. Auf seiner rechten Seite ist Payasvini Nadi die Ergänzung zu Sushumna, denn er endet im rechten Ohr. Antike Darstellungen zeigen Gottheiten, Heilige und *Avataras* (Inkarnationen des göttlichen Wesens), die auffällige Ohrringe tragen. Dieser Schmuck hat einen besonderen Sinn.

Ein bestimmter Teil des Ohrläppchens ist mit Nerven im Gehirn verbunden, und ein Ohrring aus reinem Metall, der an diesem Punkt getragen wird, gibt dem System Zugang zu Ionen und statischer Elektrizität aus dem äußeren Lebensraum. Daher sind Yogis, indem sie ihre Ohren durchstechen und Ohrringe tragen, in der Lage, den Payasvini-Nadi zu aktivieren. Selbst heute tragen die als Kanphata-Yogis bekannten Tantriker (die zur Nath-Sekte der Yogis gehören) große Ohrreifen.

13. Varuni-Nadi

Varuni-Nadi liegt zwischen den Yashasvini- und dem Kuhu-Nadi. Er ist ein Pranavaha-Nadi und hilft, die *Malas* (Gifte) im unteren Teil des Rumpfes zu reinigen. Der Varuni-Nadi endet am Anus. Dieser Nadi kann durch Reinigung mit Wasser und durch die Praxis des Vasti und des Ganesh Kriya aktiviert werden. Wenn Varuni Nadi nicht richtig fließt, kann Apana Vayu (der Wind, der sich im unteren Teil des Rumpfes befindet) durcheinandergeraten, was mehr Tamas (Trägheit) verursacht. Bei der Erweckung der Kundalini bewegt sich dieser Apana aufwärts in die Region des *Samana* (siehe Abb. S.21), wo Prana ihn trifft, und eine Verbrennung stattfindet, zwischen dem negativ geladenen Prana und der positiven Ladung des Apana. Dabei wird eine enorme Kraft freigesetzt, die bewirkt, daß die Kundalini durch den Brahma-Nadi aufsteigt. Der Varuni-Nadi durchdringt den gesamten Unterleibsbereich und hilft Apana-Vayu, sich zu entgiften. Apana-Vayu und Varuni-Nadi unterstützen gemeinsam den Prozeß der Ausscheidung.

14. Vishvodara

Vishvodara fließt zwischen dem Kuhu- und Hastajihva-Nadi, sein Einflußgebiet liegt im Nabelbereich. Der Vishvodara-Nadi kann durch die Yoga-Übungen des Nauli-Kriya und des Uddiyana-Bandha aktiviert werden. Bei diesen Übungen werden die Rektal-/Unterleibsmuskeln zusammengezogen. Der Vishvodara-Nadi hat eine Verbindung zu den Nebennierendrüsen und zur Bauchspeicheldrüse. Zusammen mit dem Varuni-Nadi sorgt er dafür, daß Prana besser fließt und der Körper gut mit Prana versorgt wird, besonders mit dem Prana, das durch den Sushumna-Nadi aufsteigt.

Die Yoga-Schriften erwähnen noch viele weitere, weniger zentrale Nadis. Die hier beschriebenen vierzehn Nadis sind jedoch die bedeutenderen, und von diesen sind wiederum zehn äußerst wichtig. Diese zehn haben eine Verbindung zu dem, was man im Tantra die «Zehn Tore» nennt. Durch *eines* dieser Tore tritt zum Zeitpunkt des Todes die Lebenskraft aus. Diese zehn Tore sind Manovahi-Nadis oder Yoga-Nadis. Eine Entsprechung zum sympathischen Nervensystem und den Akupunkturmeridianen besteht insofern als beide Systeme mit Hilfe pranischer Strömungen funktionieren. Akupunkturmeridiane sind Pranavaha-Nadis, und es ist ebenfalls Prana, der das sympathische und das parasympathische Nervensystem in Gang hält.

Wenn die Kundalini-Energie aufsteigt, aktiviert sie alle Manovahi-Nadis. Während der Verbrennung von Prana und Apana, wird die Kundalini-Shakti mit großer Macht durch den Brahma-Nadi abgezogen, dabei durchdringt sie alle Chakras und erreicht schließlich ihren Aufenthaltsort für die endgültige Vereinigung im Soma-Chakra. Die Shastras beschreiben die Kundalini-Shakti in diesem Stadium als eine Kraft, die sich auf verschiedenartige Weise bewegt, abhängig davon, welches Element in der Person vorherrscht, durch deren Körper sie aufsteigt:

1. *Ameisenartige Bewegung:* Wenn das Erd-Element Prithivi vorherrscht, während Kundalini aufsteigt, empfindet man ein Kribbeln entlang der Wirbelsäule. Das Gefühl konzentriert sich an der Basis der Wirbelsäule.

2. *Froschartige Bewegung:* Ein Hüpfer – eine Pause – dann wieder ein Hüpfer – so fühlt es sich in der Wirbelsäule an, wenn das Wasser-Element *Apah* während Kundalinis Aufstieg dominiert. Man fühlt auch ein Pulsieren.

3. *Schlangenartige Bewegung:* Ein Gefühl außerordentlicher Hitze oder eines starken Feuers macht sich in der Nabelgegend bemerkbar, wenn das Feuer-Element *Agni* vorherrscht während Kundalini aufsteigt. Auch wird das Vorhandensein eines ansteigenden feurigen Stromes in der Wirbelsäule empfunden. Besonders im Feuer-Element wird die aufsteigende Kundalini manchmal als schreckenerregende, feurige Energie erlebt.

4. *Vogelartige Bewegung:* Ein Gefühl des Abgehobenseins, der Leichtigkeit, Schwerelosigkeit, oder das Gefühl einer durchflutenden, fließenden Bewegung wird in der Wirbelsäule wahrgenommen, wenn das Luft-Element *Vayu* beim Aufstieg der Kundalini dominant ist. Die Bewegung ist gleichmäßig, und das Gefühl wird oft in der Herzregion empfunden. Im Herzbereich kann auch eine Licht-Vision erfahren werden, oder es wird ein Gefühl der Kälte in der Wirbelsäule wahrgenommen.

5. *Affenartige Bewegung:* Man empfindet ein Springen (Emporschnellen) in der Wirbelsäule, wenn *Akasha* (das Raum/Äther-Element) beim Aufstieg der Kundalini dominiert. In diesem Zustand bewegt sich die Kundalini mit solcher Vehemenz, daß sie mehrere Chakren mit einem Sprung durchquert. In Akasha bewegt sie sich nicht so gleichmäßig wie im Erd-Element, nicht so flüssig wie im Wasser-Element und nicht so feurig wie im Feuer-Element. Sie kommt wie ein Sturm und steigt im Nu in das höchste Zentrum auf.

Die Knoten

Wenn die Kundalini das Ajna-Chakra erreicht, befindet man sich jenseits der Tattvas oder Elemente und ruht im eigenen Selbst. Es besteht keine Gefahr mehr, wieder zurück in die Emotions-Falle mit ihren Höhen und Tiefen zu gehen. In tantrischer Terminologie sind die «Drei Knoten» –
   Brahma-Granthi (Knoten des Brahma)
   Vishnu-Granthi (Knoten des Vishnu)
   Rudra-Granthi (Knoten der Rudra oder Shiva) –
nun gelöst. Die Realität der Erscheinungen ist durchdrungen von göttlicher Energie, und das Selbst läßt sich nieder in der Hülle der Glückseligkeit (Anandamaya-Kosha).

Brahma-Granthi ist der erste Knoten. Er befindet sich im ersten Chakra, dem Muladhara. Obwohl dieser Ort in den *Jabal-Upanishad* und den *Yogashikha-Upanishad* beschrieben wird, lokalisieren einige tantrische Schriften den Brahma-Granthi in der Nabelgegend, da er der Knoten des Samsara, der Welt der «Namen und Formen» (Namarupa) ist. Die Welt der Namen und Formen stellt das erste Hindernis für das Wachstum des spirituellen Aspekts in einem Individuum, oder *Jiva*, dar. Agni-Tattva, das Feuer-Element, ein Produkt der Untergattung der Rupa-(«Form»)-Tanmatra*, befindet sich im Nabelgebiet. Dieser Knoten ist das erste Hindernis beim Aufstieg der Kundalini, er behindert den Weg der Kundalini sobald sie sich aufwärts zu den höheren Zentren bewegt. Brahma ist der Schöpfer dieser Welt der Namen und Formen – daher der Name «der Knoten des Brahma».

Die Welt der Namen und Formen tritt durch die fünf Sinnesorgane - in tantrischer Sprache «die fünf Fenster» – (Augen, Ohren, Nase, Zunge und Haut) in unser Bewußtsein. Diese Welt nimmt einen Großteil unseres Bewußtseins in Anspruch – sie weckt Leidenschaften und Wünsche – und ist eine Falle für den Geist. Das Lösen dieses Knotens befreit uns von den Fesseln, die uns binden, weil wir an den Dingen hängen. Solange man diesen Knoten nicht löst, kann man nicht wirklich meditieren. Der Knoten verursacht Ruhelosigkeit und hindert den Geist daran, zielgerichtet, einspitzig (Ekagra) zu werden. Indem man die Fünf Fenster durch beständiges Üben von Pratyahara (dem willentlichen Zurückziehen der Sinnesorgane) schließt, kann man den Geist

*Tanmatra= feinstoffliches Grundelement

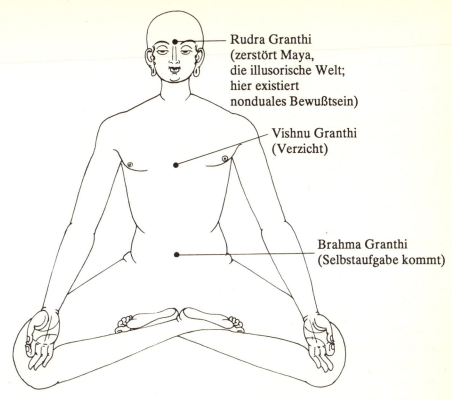

Granthis (Knoten im Körper)

meistern. Wenn der chemische Haushalt des Körpers durch die Übung der Nadi-Shodhana (Reinigung der Nerven durch Pranayama) rein wird, steigt die Energie nach oben – und man kann den Knoten lösen. Doch bevor dies geschieht, sollten die fünf Yamas und Niyamas oder «Disziplinen» ausgeübt werden, und man sollte ein stabiles Asana (Sitzhaltung) einnehmen, in der man lange Zeit bewegungslos verharren kann.

Sobald der Adept Nadi-Shodhana und Pratyahara beherrscht, kann er mit der Chakra-Meditation beginnen. Er beginnt mit dem ersten Chakra und übt sich im Visualisieren, indem er die Zeichnungen der Chakras im Geist rekonstruiert. All dies sollte in einer passenden natürlichen Umgebung geübt werden, in Gegenwart eines erfahrenen Gurus, der entsprechend initiiert ist, und dessen Anwesenheit geistige Ruhe und Gelassenheit verbreitet. Vertrauen in den Guru – und in die Gnade der Kundalini-Devi – kann Wunder wirken und den Knoten lösen. Erst wenn sich die Kundalini durch alle Zentren bewegt und den Knoten des Brahma richtig gelöst hat, findet der Yoga-Schüler seine Mitte, und die Erscheinungen der Welt der Namen und Formen lenken ihn nicht mehr vom Meditieren ab.

Vishnu-Granti befindet sich im Bereich des Anahata-Chakra (Herz-Chakra) und stellt das nächste Hindernis im Weg der Kundalini dar. Dieser Knoten erzeugt *Karuna* (Mitgefühl), ein Verbundensein mit dem Guten im Kosmos und ein starkes Bedürfnis, der leidenden Menschheit zu helfen. Das Verhaftetsein am Mitgefühl bindet Menschen an spirituelle Organisationen und Orden. Vishnu ist der Gott der Erhaltung, und Vishnu-Granti ist der Knoten, der den Wunsch verursacht, altes Wissen, Traditionen, Institutionen und geistliche Orden zu bewahren. Dieses Bedürfnis wird noch vom Herz Chakra gestärkt und inspiriert – dem Chakra der spirituellen Hingabe und Verehrung, des Vertrauens und der Liebe. Doch selbst die Hingabe und Ergebenheit gegenüber dem Wissen der Schriften und der Respekt für geistliche Orden kann zu einer Fessel werden. Nur wahres Unterscheidungsvermögen, echtes Wissen und Vertrauen können den Vishnuknoten lösen und den Sinn und Zweck erkennen, der hinter der Weltordnung steht und der Teil des göttlichen Planes ist. Diese Erkenntnis löst das Verhaftetsein am Bedürfnis nach Erhaltung und Bewahrung auf. Man kann sich von den traditionellen Fesseln, die tief im genetischen Code jedes Menschen verwurzelt sind, befreien. Es ist möglich, durch Yoga den genetischen Code zu transzendieren und vollständige Befreiung (Svatantrya) zu erreichen. Mit dem Lösen des des Brahmaknoten befreit man sich von der Verstrickung mit der Welt der Namen und Formen – nach dem Lösen des Vishnuknotens überschreitet man jene Verstrickungen, die in emotionalen Bindungen an Traditionen und Verpflichtungen verwurzelt sind, und sich in Form von Ergebenheit in eine bestimmte Ordnung ausdrücken. Hier löst sich das individuelle Ego auf und Gottes Wille überwiegt. Man fühlt sich nicht länger für die Eigentümlichkeiten der Welt der Namen und Formen verantwortlich, wenn man ihr illusionäres Wesen vollständig verstanden hat. Man versteht Lila (das kosmische Spiel) und spielt darin seine Rolle, ohne weiterhin die Samen des Karmas zu säen, die einen in die Welt der Maya (Illusion) zurückbringen. Man beginnt, Anahad-Naad (Anahata-Nada, den kosmischen Klang) und Shrutis (kosmische Frequenzen) wahrzunehmen. Yogis hören Shrutis

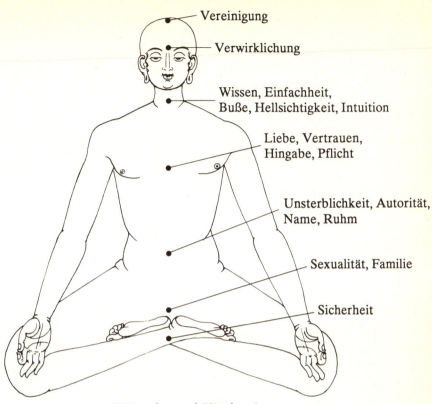

Wünsche und Hindernisse

und übermitteln sie der Welt in Form von Mantras. In einer Einheit zusammengefaßt, bilden die Shrutis das Gerüst der Veden.

Wie bereits erwähnt, ist es schwer, den Vishnu-Granti zu lösen, da er so eng mit dem genetischen Code verknüpft ist. Das ist einer der Gründe, weshalb sich in Indien nach uralter Tradition die asketische Institution der *Sannyasa* gebildet hat. Mit Eintritt in diesen Orden stirbt man im sozialen Sinn; die neue Geburt findet in einem spirituellen Orden statt, und daher wird der Sannyasin «Zweimalgeborener» genannt. Die Familie der Person, die in Sannyasa eintritt, führt regelrecht alle Beerdigungsrituale für sie aus. Das ermöglicht dem Aspiranten, sich nachhaltig von den tiefliegenden Bindungen des genetischen Codes zu befreien. Die Initiation (Einweihung), die er zu diesem Zeitpunkt erhält, hilft ihm, den Vishnu-Knoten zu lösen.

Der **Rudra-Granthi** befindet sich im Gebiet des dritten Auges. Dies ist der letzte Knoten. Nachdem der Eingeweihte diesen Knoten gelöst hat, ruht er in der Hülle der Glückseligkeit. Hat er die Welt der Namen und Formen überwunden, muß er die noch vorhandenen Bindungen lösen, die den Weg der Kundalini zum Soma-Chakra behindern. Wenn die Kundalini vom Vishuddha-Chakra aufsteigt und das Ajna-Chakra erreicht, wird der Eingeweihte, der nun ein Yogi ist, ein Tattvatita, das heißt ein Mensch, der sich jenseits des Einflußbereichs der fünf Elemente (Erde, Wasser, Feuer, Luft und Akasha) befindet. Aus den Tattvas entwickelt sich die gesamte Welt der Namen und Formen – und in die Tattvas löst sie sich wieder auf. Die Tattvas sind es auch, die die chemische Zusammensetzung des physischen Körpers ständig verändern und emotionale Veränderungen und Bindungen im individuellen Selbst verursachen. Nachdem die Kundalini das fünfte Chakra durchquert hat, bewegt sie sich zum sechsten, in dem sich die Tattvas mit ihrer Quelle vereinigen, dem Mahat oder Maha Tattva. Hier überkreuzen sich die Ida- und Pingala-Nadis und enden im rechten bzw. linken Nasenloch. Als solarer bzw. lunarer Kanal sind Ida und Pingala zeitgebunden. Nach diesem Plexus im Ajna-Chakra löst sich das zeitgebundene Bewußtsein auf, und der Yogi ruht im Bewußtsein der Unendlichkeit. Dieser Knoten löst sich dann von selbst, und der Yogi kann mit seiner kinetischen Energie in das Soma-Chakra aufsteigen.

Gemäß den tantrischen Schriften erwirbt ein Yogi, wenn er das Ajna-Chakra erreicht hat, die Macht, Vergangenheit, Gegenwart und Zukunft klar zu sehen. Er wird zu einem Trikaladarshi (Tri, drei; Kala, Zeit; Darshi, der Seher) oder Trikalajna (ein Wissender um Vergangenheit, Gegenwart und Zukunft), mit anderen Worten «zu einem Visionär». Er kann klar sehen, was sich überall und zu jeder Zeit ereignet, und er hat die Macht, jederzeit an jedem beliebigen Ort zu sein. Die Schranken von Raum und Zeit existieren für ihn nicht mehr. Doch genau an diesem Punkt kann der Rudra Granthi für ihn zum Hindernis werden, denn der Yogi kann sich in seinen intuitiven Fähigkeiten, seinen Siddhis (übersinnlichen Kräften) und den Wundern, die er vollbringen kann, verlieren. Nur wenn der Yogi seinen Visionen keine außergewöhnliche Beachtung schenkt und sich nicht mit seinen Siddhis (übersinnlichen Kräften) identifiziert, kann er sich spirituell weiter entwickeln; er kann die drei Gunas (Energieformen) transzendieren, um zum Gunatita zu werden (das heißt, über die Aspekte und Eigenschaften der Gunas hinauszugehen) und in den Zustand ewiger Glückseligkeit zu gelangen, in die vollständige Einheit und zu non-dualem Bewußtsein.

Um es zusammenzufassen: Der Brahma-Granthi hat eine Verbindung zum physischen Körper und zu der Welt der Namen und Formen. Vishnu-Granthi hat eine Verbindung mit dem Astralkörper und zur Welt der Emotionen. Der Rudra-Granthi hat eine Verbindung zum Kausalkörper und zur Welt der Gedanken, Ideen, Visionen und Intuitionen.

Während sich der Yogi durch die Knoten hindurcharbeitet, hört er auf zehn verschiedene Klänge, die ihm helfen, einen Zustand der tiefen Meditation zu erreichen:

1. Das Zwitschern der Vögel
2. Das Zirpen der Grillen
3. Den Klang von Glocken
4. Den Klang des Muschelhorns
5. Den Klang der Vina (indische Laute)
6. Den Klang der Mridanga (Trommel)
7. Den Klang der Flöte
8. Den Klang der Phakhavaj (eine länglichen Trommel, bei der auf den Seiten getrommelt wird)
9. Dem Klang der Trompete
10. Das Brüllen des Löwen

Die Erweckung der Kundalini

Die wesentliche Voraussetzung zur Erweckung dieser schlafenden Energie ist die Reinigung des Körpers: die Reinigung der Nerven und die Klärung des Geistes. Reinigung ist ein Mittel, um das gesamte System von angesammelten Giften zu befreien. Da Körper und Geist immer zusammenarbeiten, hilft die Reinigung des Körpers auch dem Geist und umgekehrt.

Die Reinigung des Körpers

Es gibt viele Methoden, die den Körper tiefgreifend reinigen. Manche Methoden sind in zahlreichen unterschiedlichen Kulturen gleichermaßen bekannt, die verschiedenen Medizinsysteme haben ihre eigenen Methoden. Ayurveda, die indische Wissenschaft der Medizin, hält das Fasten für die wirksamste

Methode. Dreitägiges Fasten mit ausschließlich lauwarmem Wasser reinigt den Körper von Giften und heilt gesundheitliche Störungen ohne Medikamente. Hatha-Yoga bietet ein ausgefeiltes System, die *Kshata-Karmas* (*Kshata*, sechs; *Karmas*, Handlung) oder «Sechs reinigenden Handlungen». Sie wurden von Hatha-Yogis entwickelt, um Körper und Geist gleichzeitig zu reinigen. Die Kshata-Karmas sind:

1. *Dhauti*
2. *Vasti*
3. *Neti*
4. *Trataka*
5. *Nauli*
6. *Kapalabhati*

Wenn diese sechs Übungen unter der richtigen Anleitung sachgerecht durchgeführt werden, sind sie sehr wirkungsvoll. Es ist empfehlenswert, sie an einem sauberen und ruhigen Ort auszuführen, **und es wird eindringlich geraten, sie ausschließlich unter der Aufsicht eines erfahrenen Meisters auszuführen, der diese Übungen selbst beherrscht**. Gemäß der Anweisungen der Yogis sollten die Yoga-Eingeweihten die eigentlichen Techniken der Kshata-Karmas unter sich geheimhalten.

1. Dhauti – Die Reinigung des Halses

Man nimmt ein Stück reinen Baumwollstoff, vier Finger breit und fünfzehn Spannen lang, gemäß den Anweisungen des Meisters. (Eine Spanne gleicht der Länge der Hand vom Zeigefinger bis zum Handgelenk. Im Falle dieser Übungen ist es wichtig, das individuelle Spannenmaß abzumessen, da es sich sich von Person zu Person unterscheidet. Ein langer Stoffstreifen aus weichem, neuem Musseline wäre auch sehr gut geeignet. Dann befeuchtet man es mit warmem Wasser, schluckt es langsam die Kehle hinunter und zieht es dann langsam und behutsam wieder heraus. Am ersten Tag schluckt man nur eine Spanne, und steigert dies dann täglich um eine Spanne mehr. Es ist wichtig, daß das Tuch warm ist, wenn man es hinunterschuckt.

Die Dhauti-Übung dauert fünfzehn Tage. Personen, die unter Krankheiten der Schleimansammlung leiden, können die Übung noch länger praktizieren. Dhauti reinigt den Verdauungskanal, heilt Bronchialkrankheiten, Asthma, Krankheiten der Milz, Hautkrankheiten und alle Krankheiten, die durch Phlegma (Schleim) verursacht werden.

2. Vasti – Reinigung des Anal- und unteren Eingeweidebereichs

Dazu wird eine weiche, frische Bambusröhre, etwa sechs Fingerbreit lang und eine halbe Fingerbreite im Durchmesser verwendet. Um das Ende des Bambusrohr weich zu machen, wird Butterschmalz (Ghee) aufgetragen. Dann sitzt man in einer bis zum Nabel mit Wasser gefüllten Wanne und nimmt die Haltung des *Utkatasana* ein (in der Hocke sitzend, balanciert man den Körper auf den Zehen) und führt die Röhre etwa vier Fingerbreit in den Anus ein. Die Analmuskeln müssen zum Wasser einziehen zusammengezogen werden. Nun wird das Wasser im Inneren geschüttelt und dann wieder ausgestoßen. Das ganze wird mehrere Male wiederholt.

Vasti reinigt den unteren Verdauungstrakt. Es regt den Appetit und das gastrische Feuer (die Verdauungskraft) an, kann Drüsenvergrößerungen, und Vergrößerungen der Milz, sowie Wassersucht und andere Magenkrankheiten heilen. Vasti hilft bei allen Krankheiten, die durch übermäßigen Körperwind, zuviel Galle oder zuviel Schleim verursacht wurden. Die richtige Ausübung von Vasti verbessert die allgemeine gesundheitliche Verfassung, schärft die Sinnesorgane und reinigt die inneren Organe.

3. Neti – Reinigung der Nase und Nebenhöhlen

Hierzu wird ein Stück Faden ohne Knoten weich gemacht, indem man ihn mit *Ghee* (Butterschmalz) einfettet. Dann wird ein Ende des Fadens in ein Nasenloch gesteckt und das andere Nasenloch mit einem Finger verschlossen. Nun atmet man durch das geöffnete Nasenloch ein und durch den Mund wieder aus. Durch mehrmaliges Wiederholen dieses Vorganges wird der Faden bis in den Hals eingezogen. Danach zieht man den Faden vorsichtig und sanft wieder heraus. Anschließend wird der Vorgang, beginnend mit dem anderen Naseloch, wiederholt. Es ist nun möglich, den Faden durch ein Nasenloch einzuführen und durch das andere vorsichtig herauszuziehen. Damit ist der Reinigungsprozeß beendet.

Neti reinigt die Nasengänge, die Sinushöhlen, den Frontallappen und den gesamten vorderen Kopfbereich. Es stimuliert das gesamte Nervensystem, verbessert die Sehkraft und befähigt einen, subtile Dinge mit den Augen wahrzunehmen. Eine weitere Methode Neti auszuführen ist die, daß man Wasser durch die Nase einzieht und durch den Mund wieder ausspuckt. Diese Methode wird *Jala-Neti* (Jala=Wasser) genannt.

4. Trataka – die Augenreinigungsübung

Trataka ist eine Yogaübung, bei der man mit offenen Augen und festem Blick bei vollkommener Aufmerksamkeit ohne die Wimpern zu bewegen auf ein winziges Objekt starrt, bis die Tränen fließen. Wenn die Tränen zu fließen beginnen, schließt man die Augen und visualisiert den nachträglichen Eindruck auf der Netzhaut solange bis auch er verschwindet.

Durch Trataka erreicht man Zielgerichtetheit des Geistes. Trataka hilft, Krankheiten der Augen zu heilen und fördert Wachstum und Entwicklung der Zirbeldrüse. Mit Hilfe von Trataka entwickelt sich auch das «Zeugen-Bewußtsein», ein Bewußtheitszustand, in dem man die inneren und äußeren Abläufe neutral und emotionslos wahrnehmen kann.

5. Nauli – Die Bauch-Übung

Diese Kriya (Übung) ist die Krönung des Hatha-Yoga. Sie ist schwierig und erfordert viel Übung. An Anfang mag es sogar unmöglich erscheinen, sie auszuführen, doch mit Ausdauer und Willenskraft kann Nauli gemeistert werden.

Man beginnt die Übung, indem man sich leicht nach vorne beugt, die Beine sind leicht gespreizt und die Hände ruhen auf den Knien. Dann wird alle Luft aus den Lungen ausgestoßen. Die Bauchmuskulatur wird zusammengezogen, dabei zieht man sie so weit wie möglich nach innen. Zwei Nadis (Nerven) werden in den Vordergrund treten. Diese dreht man mit Hilfe der Bauchmuskeln nach rechts und links, und das in der Geschwindigkeit eines schnell kreisenden Strudels. Nach der Drehung wird eingeatmet. Die Übung wird mehrere Male wiederholt.

Nauli stimuliert das Magenfeuer, erhöht die Verdauungskraft, bewirkt Freude, gleicht Störungen aus, die durch ein Ungleichgewicht der Körperluft, Galle und des Schleims entstehen, vermehrt den gesunden Glanz der Haut und stimuliert das Nervensystem.

6. Kapalabhati – Blasebalg-Atemübung

Bei dieser Übung atmet man schnell und gleichmäßig ein und aus, wie der Blasebalg eines Schmiedes. Sobald man merkt, das einen die Übung anstrengt, sollte man sofort damit aufhören. Kapalabhati beseitigt alle Krankheiten, die durch Schleim verursacht werden.

Dies sind die Kshata-Karmas, wie sie im Hatha-Yoga-System vorgeschrieben werden. Eine weitere, davon unabhängige Reinigungs-Übung wird ebenfalls im Hatha-Yoga beschrieben. *Gaja-Karni* wird durchgeführt, indem Apana durch die Kehle hochgezogen wird und alle Substanzen, die sich im Bauch befinden (Nahrung, Wasser etc.) erbrochen werden. Wer sich diese Bauchreinigungsübung allmählich aneignet, bringt den Atem und sämtliche Nadis unter Kontrolle.

Die Reinigung des Geistes*

Das Yoga-System empfiehlt einen achtfachen Weg zur Reinigung des Geistes. Die *Hatha Yoga Pradipika*, ein Standardwerk des Hatha-Yoga, beschreibt die Stufen dieses Weges folgendermaßen:
1. Yama
2. Niyama
3. Asana
4. Pranayama
5. Pratyahara
6. Dharana
7. Dhyana
8. Samadhi

1. Yama

Die zehn Yamas sind: Gewaltlosigkeit, Wahrhaftigkeit, Ehrlichkeit, sexuelle Enthaltsamkeit, Nachsicht, Standhaftigkeit, Freundlichkeit, Offenheit, Mäßigung beim Essen und körperliche Sauberkeit. Gewohnheitsmäßiges Praktizieren der Yamas reinigt Gedanken, Worte und Taten.

*Weitere Details zu diesem Thema siehe Anhang

2. Niyama

Die zehn Niyamas sind Einfachheit, Zufriedenheit, Glaube an Gott, Nächstenliebe, Verehrung des Gottes, die Beschäftigung mit den Aussagen alter Lehren und Schriften, Mäßigkeit, Urteilskraft, regelmäßige Gebete und religiöse Opferbereitschaft, Ausführung religiöser Opfer. Das regelmäßige Befolgen der Niyamas erzeugt eine spirituelle Lebenseinstellung und erweckt das Zeugen-Bewußtsein (den inneren Beobachter). Durch das Praktizieren dieser Disziplinen wird der Geist automatisch von der unnötigen Bindung an weltliche Objekte entwöhnt, und er wird fähig, sich zu konzentrieren.

3. Asana

Asanas sind Haltungen (wörtlich: «Sitzpositionen»). Im Hatha-Yoga werden vierundachtzig solcher Positionen beschrieben, doch werden nicht alle Positionen zu jeder Zeit und Gelegenheit empfohlen. Die Wirbelsäule wird gerade gehalten, Kopf und Hals aufrecht und in einer Linie mit dem Körper. Der Körper sollte bequem bewegungslos verharren können. Die richtige Haltung harmonisiert und beruhigt die im Körper wirkenden Kräfte, verlangsamt die Atemrate und die Blutzirkulation. Der richtige Asana gibt dem Körper Sicherheit und Ausdauer, erleichtert die Meditation und heilt Krankheiten und Ruhelosigkeit des Geistes. Einige Asanas aktivieren verschiedene Nervenzentren und stimulieren den Körper, Wachstumshormone auszuschütten und Antikörper zu produzieren. Wenn der Adept in der Lage ist, lange Zeit ruhig und bequem in einer Haltung zu sitzen, findet eine Energiebewegung in die höheren Zentren statt. Durch die Beständigkeit des Asana bleibt auch der Geist beständig.

Padmasana (der Lotossitz) und *Siddhasana* sind zwei vielgelobte Asanas. Patanjali gibt zwei Ratschläge zur Meisterung eines Asana: 1. Verharre für lange Zeit bewegungslos in ein und derselben Körperhaltung, allmählich wirst Du die Haltung durch Deinen Willen meistern, und: 2. Meditiere über die Unendlichkeit Gottes, der in Form der großen Weltenschlange Shesha die Erde trägt und im Gleichgewicht hält.

4. Pranayama

Pranayama heißt Kontrolle, Steuerung der Lebensenergie (Prana). Prana ist, wie bereits an anderer Stellung erläutert, die magnetische Strömung im Atem. Sie ist der Träger des Geistes; ohne Prana kann der Geist nicht funktionieren. Und auch das Bewußtsein, das sich durch den Geist ausdrückt, ist ohne Prana wahrnehmungs- und funktionsunfähig. Prana sorgt für das Gleichgewicht im Körper und liefert ihm die Lebenskraft.

Tiefes Atmen ist nicht gleich Pranayama, obwohl es gut für die Gesundheit ist. Die wohltuende Wirkung der Tiefenatmung ergibt sich aus der erhöhten Sauerstoffaufnahme, die auch das Prana des Körpers beeinflußt. Eigentliches Pranayama beginnt, wenn der Atem zwischen dem Einatmen und Ausatmen eine Zeitlang gehalten wird. Einatmen heißt *Puraka*, das Anhalten des Atems heißt *Kumbhaka*, und das Ausatmen heißt *Rechaka*. Kumbhaka beeinflußt den Pranafluß auf grundlegende Weise. Sobald der Adept Pranayama gut beherrscht, kann er die pranischen Strömungen durch den Zentrakanal der Wirbelsäule lenken, um das Aufsteigen der Kundalini zu fördern. Die Zeiträume, in denen der Atem angehalten wird sollten nur allmählich und vorsichtig verlängert werden. Alternierendes Atmen wirkt auf die pranischen Strömungen, reinigt die feinstofflichen pranischen Kanäle (Nadis), öffnet Sushumna, kühlt die rechte und die linke Hemisphäre des Gehirns, erzeugt innere Ruhe, da es Gehirn und Geist von ihren Aktivitäten befreit und den inneren Dialog zum Schweigen bringt. Pranayama bereitet den Geist auf die Praxis der Visualisierung und der Konzentration vor.

5. Pratyahara

Pratyahara ist der Rückzug von der Welt der sinnlichen Wahrnehmungen und dabei werden alle Verbindungen zur Außenwelt abgebrochen. Es sieht so aus, als sei Pratyahara die Kontrolle der Sinne durch den Geist. Doch besteht die eigentliche Methode darin, daß sich der Mind (Geist) in sich selbst zurückzieht. Ein Mensch, der völlig in seine Arbeit vertieft ist, vergißt die Welt um sich herum, da der Geist völlig in sich versunken ist. Die Sinnesorgane nehmen keinerlei Signale von außen wahr. An diesem Beispiel wird klar, daß ein Entzug von Geist und Sinnen möglich ist, es bedarf nur vollständiger Konzentration in Verbindung mit tiefer Versenkung.

Regelmäßiges Üben von Pratyahara führt zur Verinnerlichung des Geistes. Die Sinne beruhigen sich und geben ihr Verlangen nach äußeren Objekten auf. Durch Pratyahara erlangt der Adept vollständige Beherrschung der Sinne.

6. Dharana

Dharana ist Konzentration, Beruhigung des Geistes und Fixierung des Geistes auf einen einzigen Punkt. Traditionsgemäß ist das Herz das Hauptgebiet, auf das sich der Geist fixieren soll, da es als Zentrum oder Sitz des individuellen Bewußtseins gilt, das im Sanskrit *Jiva* genannt wird. Das Gehirn ist das Zentrum des Geistes und der Sinne, das Herz ist das Zentrum des Lebens. Das Gehirn kann seine Aktivität einstellen (zum Beispiel im Samadhi), aber wenn das Herz *vollständig* aufhört zu arbeiten, kann das Leben nicht länger aufrechterhalten werden.

Gemäß Kundalini-Yoga befindet sich das Herz im vierten, dem zentralen Chakra. Drei Chakras befinden sich darüber, drei darunter. Im Dharana wird jedes Chakra zum Fixpunkt für den Geist. Die Konzentration auf jedes einzelne Chakra sollte in der richtigen Reihenfolge ausgeführt werden, das heißt, beginnend mit dem ersten, dem Muladhara-Chakra, und allmählich fortschreiten bis zum siebenten, dem Sahasrara, dem Sitz des Bewußtseins. Durch diese Übung gewöhnt der Geist sich daran, seine Aufmerksamkeit auf einen einzigen Punkt zu «fokusieren». Jedes Chakra hat eine Beziehung zu dem einen oder anderen der fünf Elemente, und die Fixierung auf jedes einzelne Zentrum hilft dem Adepten, sich auf die Elemente zu konzentrieren. Auch diese Konzentration auf die Elemente hilft, daß sich der Geist auf einen Punkt ausrichtet. Doch ist die Fixierung des Geistes nicht das endgültige Ziel, das es zu erreichen gilt, sondern nur eine Methode, um in den Zustand der tiefen, andauernden Meditation zu gelangen, den Zustand, den man Dhyana nennt.

7. Dhyana

Dhyana ist andauernde, kontinuierliche Meditation ohne Objekt. Auf der vorhergehenden Stufe, *Dharana*, konzentriert man sich auf ein beliebiges Objekt, ein Bild, ein Chakra oder Zentrum. Durch beständiges Üben von Dharana beruhigt sich der Geist, und der Adept wird fähig, wahrhaftig zu meditieren. Wenn der Geist wirklich fixiert ist, verliert er sein Selbstbewußtsein und wird ruhig. Man nimmt einen kontinuierlichen Energiestrom in der Wirbelsäule wahr, und die Ruhe wird weder von Gedanken noch von einem inneren Zwiegespräch unterbrochen. Erst im Zustand des Dhyana kommt der innere Dialog völlig zum Schweigen.

Während Dharana konzentriert man sich auf die Chakras; Dhyana hingegen ist reine Meditation, das Bewußtsein der Chakras verschwindet. Während Dharana kann es noch geschehen, daß der Geist gelegentlich abgelenkt wird. Selbst das Visualisieren der Chakras verursacht Ablenkung. Während Dhyana jedoch hört diese Visualisierung auf. Es herrscht ein Zustand völliger geistiger Stille und Gedankenleere. In diesem Zustand beginnt das Erlebnis der Glückseligkeit. Das Bewußtsein tritt nun in einen vierten Zustand ein, der anders ist als die drei normalen Zustände: Wachbewußtsein, Traumbewußtsein und Tiefschlaf. In der Terminologie neuzeitlicher Psychologie bezeichnet man diesen vierten Zustand als «veränderten Bewußtseinszustand»; von Yogis wird er *Turiya* genannt. Dhyana ist die Frucht des Dharana, so wie die Frucht des Dhyana der Zustand des Samadhi ist.

8. Samadhi

Der Begriff Samadhi setzt sich aus drei Bestandteilen zusammen: *Sam* (gleich, ausgewogen, vollständig), *A* (ewig) und *Dhi* (*Buddhi*, Erkenntnis oder Wissen). Wenn der Zustand völligen Gleichgewichts erreicht ist, herrscht Samadhi. Für das individuelle Bewußtsein ist Samadhi Selbsterfahrung– frei von Selbstbewußtheit, frei von Zeit oder Raum. Durch regelmäßiges Üben von Pratyahara gewöhnt sich der Geist daran, sich aus dem Bereich der Sinneswahrnehmung und Veränderungen zurückzuziehen. Der Geist lernt, sich in sich zurückzuziehen und in sich aufzugehen. In seinem unnatürlichen Verlauf erschafft der Geist Dualität, mit dem Rückzug des Geistes in sich selbst endet diese Dualität. Wenn alle mentalen Veränderungen ein Ende finden, erreicht das Bewußtsein (das von diesen Veränderungen eingeschränkt wurde) seinen natürlichen nondualen Zustand.

Das Bewußtsein ist unendlich, der Geist schränkt es ein. Durch den Geist wird das Bewußtsein in das individuelle Bewußtsein, das Selbstbewußtsein des «Ich», «Mir» und «Mein» gesperrt. Pratyahara hilft dem individuellen Bewußtsein, in einen zentrierten Geisteszustand zu gelangen, da es in ihm die Gewohnheit entwickelt, sich aus der Welt der Phänomene zurückzuziehen. Dharana fixiert und beruhigt den Geist. Durch Dhyana erlangt er Gelassenheit. Wenn diese Gelassenheit dem Geist zur Gewohnheit wird, dringt er in die Hülle der Glückseligkeit ein und taucht ins Meer unbeschreiblicher Glückseligkeit und Allwissenheit.

In der Sprache des Kundalini-Yoga ist Samadhi die Vereinigung von

Shakti, dem weiblichen Prinzip, mit Shiva, dem männlichen Prinzip. Der Sitz der Shakti, die Kundalini-Shakti genannt wird, ist das Muladhara-Chakra (Nervengeflecht des Beckens), und die Wohnstatt Shivas ist das Sahasrara-Chakra (befindet sich im Großhirn). Die Kundalini schläft im Muladhara-Chakra. Wenn die Sehnsucht nach Selbstverwirklichung in einem Menschen erwacht – und er dem Achtfachen Pfad folgt (nachdem er durch entsprechende Übungen die Nerven reinigt, die Kernlaute rezitiert und Visualisierungsübungen macht) – erwacht die Kundalini und steigt durch das zweite, dritte, vierte, fünfte und sechste Chakra auf und erreicht das Sahasrara-Chakra, um sich mit ihrem Gemahl, Kameshvara, dem «Herrn der Liebe», zu vereinigen. Diese Vereinigung schenkt dem Adepten unendliche Glückseligkeit und öffnet ihm die Türen zu göttlichem Wissen.

Die Bandhas

Bandhas sind Techniken, um die Körpergebiete zu verschließen, die zeitweilig Energie enthalten, damit der Yogi von dieser Energie beliebig und zielgerichtet Gebrauch machen kann. Es gibt drei Bandhas, die Sushumna öffnen und die Kundalini erwecken.

1. Mula-Bandha

Bei Ausführung dieses Bandhas drückt der Übende seine linke Ferse gegen den Damm und legt den rechten Fuß auf die linke Hüfte. Der *Sadhaka* (Praktizierende) sollte dann den Anus zusammenziehen und Apana nach oben ziehen. Durch die Kontraktion des Muladhara wird Apana (dessen Verlauf nach unten gerichtet ist) gezwungen, sich durch Sushumna nach oben zu bewegen. Indem der Sadhaka die Ferse gegen den Anus preßt, drückt er die Luft gewaltsam zusammen. Diesen Vorgang wiederholt er solange, bis sich Apana aufwärts bewegt. Bei dieser Übung vereinigen sich Prana und Apana und bewegen sich in Sushumna. Wenn die Apanaluft aufsteigt und die Nabelgegend erreicht, vermehrt sie das gastrische Feuer. Apanaluft, die sich nun mit dem Feuer des Manipura-Chakras (des dritten Chakras) verbunden hat, durchsticht das Anahata-Chakra (das vierte Chakra), wo sie sich mit dem Prana vermischt, dessen Sitz im Herzbereich und in der Lunge ist. Prana ist von Natur aus heiß, und diese Hitze nimmt noch zu, durch die Verschmelzung der negativen Ionen des Prana mit den positiven Ionen des Apana. Dieser Vorgang erweckt die Kundalini.

Gemäß der tantrischen Schriften wird die schlafende Kundalini durch diese extreme Hitze erweckt, so wie eine Schlange, die zu zischen anfängt und sich aufrichtet, wenn sie mit einem Stock geschlagen wird. Dann geht Kundalini, in Sushumna, gleich einer Schlange, die in ihre Höhle geht. Daher üben Yogis Mula-Bandha regelmäßig.

2. Uddiyana-Bandha

Die wörtliche Bedeutung des Sanskritwortes *Uddiyana* ist «aufwärts fliegen». Der Yogi bildet diesen Verschluß, damit der große Vogel des Prana stetig durch Sushumna aufwärts fliegen kann. Um dieses Bandha auszuüben, zieht der Adept die Bauchmuskeln oberhalb und unterhalb der Nabelgegend so ein, daß sie nach hinten in Richtung Wirbelsäule und aufwärts in Richtung Herz gezogen werden. Dies ist möglich, wenn man zuerst die ganze Luft, die sich im Bauchgebiet befindet, ausstößt, indem man so vollständig wie möglich ausatmet. Das Einziehen der Bauchmuskulatur wird dadurch begünstigt. Gemäß der *Shastras* verjüngt dieses Bandha den Körper. Man nennt dieses Bandha «der Löwe, der den Elefanten des Todes besiegt». Ein alternder Sadhaka kann durch regelmäßiges Üben des Uddiyana-Bandha wieder jugendlich werden. Um die Kunst des Uddiyana-Bandha zu meistern, muß man etwa sechs Monate regelmäßig üben und dann beginnt Prana durch Sushumna aufwärts zu fließen bis zum Sahasrara-Chakra. Diese Aktivität bewirkt die endgültige Verschmelzung im Chakra des tausendblättrigen Lotos, und dort gelangt der Sadhaka automatisch in den Zustand des Samadhi. Durch das Zusammenziehen der Unterleibsmuskeln erlangt man Kontrolle über die Muskeln, die bei der Darmentleerung beteiligt sind. Regelmäßiges Üben von Uddiyana Bandha regeneriert die Sexualfunktionen. Es ist möglich, daß Menschen, deren unterer Körperbereich gelähmt ist, durch dieses Bandha wieder Kontrolle über ihre Blasen- und Darmfunktion erreichen.

3. Jalandhara-Bandha

Bei diesem Bandha zieht man die Kehle ein und preßt das Kinn fest in den Hohlraum zwischen Brustbeinende und Hals (etwa acht Fingerbreit über der Brust). Dies unterbricht die Zirkulation der Flüssigkeiten aus dem Kopfbereich, und ein unabhängiger Kreislauf bildet sich. In diesem Verbindungspunkt befindet sich ein Netzwerk feinstofflicher Nadis. Durch das Bandha wird der Abwärtsfluß von Sekreten aus der Gaumenhöhle aufgehalten.

Die Sekrete, die von der Gaumenhöhle fließen, werden als *Soma* (Nektar, Elixier) bezeichnet. Diese Rückenmarkflüssigkeit setzt sich aus verschiedenen nährstoffhaltigen Hormonen zusammen, die das Wachstum und die Entwicklung des Organismus fördern. Normalerweise fließt diese Flüßigkeit abwärts und wird vom gastrischen Feuer verbrannt, das Prana anfacht. Wenn man Jalandhara-Bandha vollkommen beherrscht, fließt der Nektar nicht mehr abwärts, und die Nadis Ida und Pingala, die lunare und die solare Strömung, werden stillgelegt.

Die Kehle ist der Bereich des fünften Zentrums, Vishudda-Chakra, und ein Treffpunkt von Nerven, die mit sechzehn unterstützenden Organen in Verbindung stehen: Zehen, Fußgelenke, Knie, Oberschenkel, Dammgegend, Geschlechtsorgane, Nabel, Herz, Hals, Kehle/Zunge, Nase, Zentrum zwischen den Augenbrauen, Stirn, Kopf, Großhirn und Sushumna-Nadi im Schädel. Durch regelmäßiges Üben des Jalandhara-Bandha werden sämtliche Krankheiten der Kehle beseitigt. Die sechzehn unterstützenden Organe werden belebt, und das Soma wird dem Körper wieder zugeführt. Somit wird die Rückenmarksflüssigkeit in einen anderen Kreislauf geleitet. Diese lebensspendenden Substanzen würden durch die Verbrennung im gastrischen Feuer verlorengehen und Alter und Tod begünstigen. Die Umleitung dieser Flüssigkeit mit Hilfe von Jalandhara-Bandha wirkt verjüngend und regeneriert den gesamten Organismus. Durch Einengung wird die Aktivität von Ida und Pingala außer Kraft gesetzt, was bewirkt, daß Prana durch Sushumna fließt. Dabei wird der Atem bis zur Bewegungslosigkeit verlangsamt. Jalandhara-Bandha verlängert die Lebensspanne, beseitigt Krankheiten, und verjüngt.

Alle drei Bandhas sind hervorragende Methoden zur Erweckung der Kundalini. Sie öffnen den Pfad von Sushumna, legen die Aktivität von Ida und Pingala still, vereinigen Prana mit Apana und vervollkommnen das Kundalini-Yoga.

Die Yoga-Mudras

Im Kundalini-Yoga sind Mudras Meditationspraktiken, bei denen die Augäpfel nach oben gezogen werden, bis die Iris nicht mehr sichtbar ist. Diese Form der

Meditation ist der Erweckung der Kundalini sehr förderlich. In tantrischen Schriften wird immer wieder darauf hingewiesen, daß insbesondere zwei Mudras ausgeführt werden sollen, um die endgültige Vereinigung zwischen Shiva und Shakti herbeizuführen:

1. Sambhavi-Mudra

Diese Mudra bringt die innere Meditation über die Chakras mit sich und wird praktiziert, wenn der Sadhaka anfängt, sich auf die Chakras zu konzentrieren. Wie schon erwähnt, bedeutet Chakra-Meditation nicht, daß man sich auf bestimmte Körperorgane oder Bereiche konzentriert, sondern auf feinstoffliche Zentren. Um diese Konzentration anzuwenden, meditiert der Sadhaka erst äußerlich über die grafische Darstellung der Chakras, um ihre Bilder in seinem Geist zu integrieren. Diese Bilder stellen die göttlichen Energien dar, die hier wirken: die dem Chakra zugeordnete Gottheit, die Shakti, den Bija- (Kern-) Laut, den *Vahana* (Träger des Bija) und das Yantra (die geometrische Form) des Chakra. Die Formen, die diesen grafischen Darstellungen zugrunde liegen, wurden von tantrischen Meistern durch innere Schau visionär erfahren.

    Der Sadhaka, der Sambhavi-Mudra praktizieren möchte, um Kundalini zu erwecken, sollte zuerst die Bilder der Chakras farbig ausmalen und anschließend darüber meditieren. Nachdem er sich äußerlich auf die Chakra-Meditation vorbereitet hat, beginnt er innerlich über die Bilder zu meditieren, was erst möglich ist, wenn sie sich ins Gedächtnis eingeprägt haben. Dies geschieht schrittweise, indem man zuerst das erste Chakra betrachtet, dann das zweite, dritte und so weiter. Der Schwerpunkt der Meditation sollte jedoch nicht darauf gelegt werden, daß man sich auf die grobstofflichen Organe des Körpers oder auf bestimmte Körpergebiete, wie etwa das Herz, konzentriert. Nur jene Yoga-Schulen, die ohne Bilder der Chakra-Gottheiten arbeiten, schlagen dem Sadhaka vor, über das Herz (Anahata-Chakra) zu meditieren, den Ort der Meditation für die Sambhavi-Mudra. Doch stellt die tantrische Visualisierungstechnik eine weitaus wirksamere Praktik dar.

    Wenn Geist und Atem vollständig vom inneren Bild aufgenommen wurden und die Pupillen völlig regungslos sind (obwohl die Augen geöffnet sind, registrieren sie keine äußeren Bilder), ist Sambhavi-Mudra erreicht.

2. Khechari-Mudra

Bei dieser Mudra meditiert man innerlich auf das sechste Chakra (Ajna), das sich zwischen Ida und Pingala, oberhalb der Nasenwurzel im Gebiet zwischen den beiden Augenbrauen, befindet. Khechri-Mudra bedeutet, Prana so zu lenken, daß er durch Sushumna in den Raum zwischen den Augenbrauen fließt. Mit Hilfe dieser Mudra wird Prana dazu gebracht, in Sushumna zu bleiben. Die Zunge wird bei dieser Praktik nach oben gegen den Gaumen gedrückt, diese Mudra wird auch «das Zungenverschlucken» genannt. Man füllt den Mund Sushumnas am hinteren (Wurzel-)Ende mit Soma-Nektar, der aus dem Soma-Chakra fließt. Mit Hilfe der Khechari-Mudra erlangt der Sadhaka Herrschaft über geistige Veränderungen und erreicht *Unmani-Avashta* oder Turiya, den Zustand unbewußten Bewußtseins. Der Sadhaka übt Khechari-Mudra solange aus, bis er *Yoga-Nidra*, den Yoga-Schlaf, erlebt.

Wenn bei Ausübung dieser Mudra der äußere Atem aufhört – da das Verschlucken der Zunge die Luftpassage zwischen den Nasenlöchern und der Lunge blockiert –, wird auch der Atem im Körper zurückgehalten. Zusammen mit dem Geist kommt Prana im Brahma Randhra zur Ruhe. In diesem Stadium bewirkt die Konzentration auf die Kundalini die endgültige Verschmelzung von Kundalini und Prana im Brahma Randhra, und Geist und Kundalini werden eins. Shiva und Shakti vereinigen sich – und somit ist das höchste Ziel des wahren Adepten erreicht.

Durch regelmäßiges Ausüben der beschriebenen Techniken entwickelt der Adept eine spirituelle Lebensweise. Mit Hilfe der Asanas kommt der Körper zur Ruhe, und die Handlungen werden auf Prana und die Sinnesorgane beschränkt. Durch Kumbhaka hören die Bewegungen von Prana und der Sinnesorgane auf, allein der Geist ist noch aktiv. Mit Hilfe von Pratyahara, Dharana, Dhyana und Samprajnata-Samadhi hören die geistigen Aktivitäten auf, und nur noch Buddhi, der übergeordnete Mind ist aktiv. Durch vollständige Trennung von allen Verhaftungen und die fortgesetzte und regelmäßige Ausübung des Samprajnata-Samadhi kommen dann auch die Aktivitäten des Buddhi zur Ruhe. Der Sadhaka erlangt einen natürlichen Seinszustand: *Sahaja-Avashtha*, ein unveränderlicher Zustand, das endgültige Ziel des Yoga. Der Yogi bleibt dann für immer mit dem höchsten Bewußtsein vereint.

Die Wesensmerkmale der Chakras 3

Muladhara-Chakra
(Erstes Chakra)

Bedeutung des Namens: «Basis»

Lage im Körper: Beckenplexus, Gebiet zwischen Anus und Genitalien, an Basis der Wirbelsäule; die ersten drei Wirbel

Bija- (Kernlaut)Farbe: Gold

Bija-, Blütenblätter-Klänge: «Vang», «Shang», «Kshang», «Sang»

Orientierung: Nahrung und Unterkunft (Schutz, Obdach)

Tattva (Element): Erde

Farbe des Tattva: Gelb

Form des Tattva: Quadrat

Vorherrschende Sinneswahrnehmung: Geruch

Sinnesorgan: Nase

Arbeitsorgan: Anus

Vayu (Luft): Apana-Vayu, Luft, die u.a. den Samen aus dem männlichen Geschlechtsorgan ausstößt; Urin beider Geschlechter aus der Blase befördert und das Kind bei der Geburt aus dem Mutterleib schiebt.

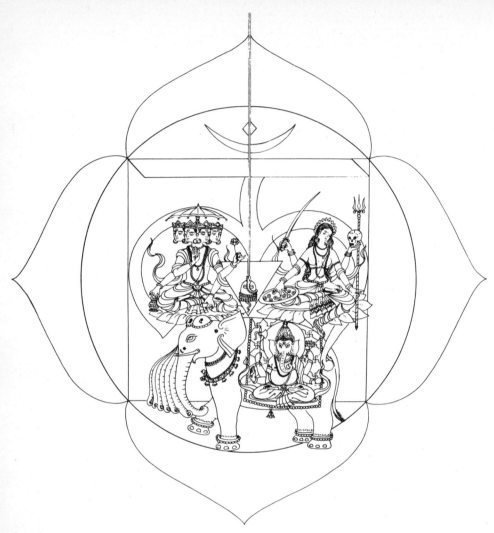

Muladhara Chakra
मूलाधार चक्र

Bija Blütenblätter Klang
वं शं षं सं

Loka (Ebene): Bhu Loka (physische Ebene)

Vorherrschender Planet: Mars (solar, männlich)

YANTRA-FORM: Ein chromgelbes Quadrat mit vier scharlachroten (zinnoberroten) Blütenblättern. Das Quadrat deutet auf das irdische Bewußtsein hin, es repräsentiert die Erde selbst, die vier Dimensionen und die vier Himmelsrichtungen. Die Form des Erdelements ist geradlinig, und die vier Eckpunkte bilden die vier Pfeiler oder Ecken dessen, was man als quadratische Erde kennt. Die Vier ermöglicht Vollendung, und die Erde beinhaltet alle Elemente und Voraussetzungen für die ganzheitliche Entwicklung des Menschen und seine Vollendung auf allen Ebenen. Dieses Yantra ist der Sitz des Bija-Klanges, der Klang verbreitet sich in alle acht Richtungen. Erde ist das dichteste aller Elemente, es ist eine Verbindung der vier anderen Elemente Wasser, Feuer, Luft und Akasha.

Der Kreis mit vier Blütenblättern: Die vier Lotos-Blätter repräsentieren Ganglien (Nervenknoten), die sich an vier wichtigen Nervenenden gebildet haben. Ihre Farbe ist Scharlachrot, mit einer Spur Karminrot vermischt.

Das Dreieck: Der Sitz der vitalen Lebenskraft, Kundalini-Shakti, wird auf unterschiedliche Weise dargestellt: in Form einer zusammengerollten Schlange, als Lingam oder als Dreieck. Die Kundalinischlange ist dreiundeinhalb Mal um den Svayambhu («aus sich heraus geboren») Lingam gewunden. Mit ihrem nach oben zeigenden, geöffneten Schlund ist sie mit dem Pfad des Sushumna verbunden, dem mittleren Nervenkanal, der entlang der Wirbelsäule verläuft. Die schlafende Kundalini-Shakti bleibt zusammengerollt, um den Lingam herum gewunden und hält ihren eigenen Schwanz im Maul. Wenn ihr geöffneter Schlund nach unten gerichtet ist, fließt die Energie abwärts. Sobald man an dem ersten Chakra zu arbeiten beginnt, erhebt diese schlafende Energie ihren Kopf und fließt ungehindert in den Sushumna-Kanal.

Das nach unten zeigende Dreieck ist das Yantra des Lingam und der Kundalini. Es verweist auf die abwärtsgerichtete Bewegung und die drei Hauptnerven Ida, Pingala und Sushumna. Die Vereinigung dieser Nerven im Muladhara-Chakra bildet ein auf der Spitze stehendes Dreieck, das ebenfalls die Energie veranlaßt, nach unten zu fließen. Die Farbe des Lingam ist rauchig-grau, manchmal wird seine Farbe auch als die eines frischen Blattes beschrieben.

BIJA-LAUT: «Lang». Dieser Klang wird erzeugt, indem man die Lippen entspannt zu einem Viereck formt und die Zunge ebenfalls breit wie ein Viereck gegen den Gaumen drückt. Der Kernlaut vibriert am Gaumen, im Gehirn und im obersten Bereich der Schädeldecke.

Wenn der Kernlaut «Lang» richtig intoniert wird, stimuliert er die Nadis (Leitkanäle der Lebensenergie) im ersten Chakra und errichtet eine Sperre, die ein Abwärtsfließen der Energie verhindert. Die Energie beginnt sich aufwärts zu bewegen, wenn der zweite Teil der Silbe, « ... ang», im oberen Bereich des Kopfes vibriert. Die Wiederholung dieses Lautes befreit den Adepten von den Unsicherheiten, die dem ersten Chakra zugeordnet sind und gewährt ihm finanzielle Sicherheit, Geistesgegenwart und innere Stärke. Man sagt, daß der Kernlaut «Lang» vier Arme hat. Mit Hilfe seiner Vibrationen läßt sich im Innern des Brahma-Nadi ein Durchgang schaffen, durch den die Energie leichter fließen kann.

DER TRÄGER DES BIJA: Der Elefant Airavata. Indra, der Gott des Firmaments, reitet auf seinem Elefanten Airavata. Die Hautfarbe dieses Elefanten ist von zartem Grau, wie die Farbe der Wolken. Die sieben Rüssel Airavatas bilden den Regenbogen der sieben Farben. Jeder Mensch hat sieben Aspekte, die erkannt und in Harmonie mit den Naturgesetzen entwickelt werden müssen, diese sind:

der Klang	(der Mensch hört mit dem Sinnesorgan «Ohr»)
das Fühlen	(er fühlt durch das Sinnesorgan «Haut»)
die Sicht	(er nimmt die Welt optisch durch das Sinnesorgan «Auge» wahr)
der Geschmack	(er nimmt den Geschmak durch das Sinnesorgan «Zunge» wahr)
der Geruch	(er nimmt den Geruch durch das Sinnesorgan «Nase» wahr)
die Ausscheidung	(er scheidet durch das Arbeitsorgan «Anus» aus)
der Sex	(er reproduziert sich durch die Arbeitsorgane «Genitalien»)

Des weiteren bilden sieben «Dhatus» (Grundbestandteile) den physischen Körper:

1. Raja – Ton, Erde
2. Rasa – Säfte
3. Rakta – Blut
4. Mansa – Fleisch, Nervenfasern, Gewebe
5. Medha – Fett
6. Asthi – Knochen
7. Majjan – Knochenmark

Die sieben Grundbedürfnisse des Menschen (nach Sicherheit, Fortpflanzung, einem langen Leben, Teilen mit anderen, Wissen, Selbstverwirklichung und Einheit) werden als sieben Elefantenrüssel in sieben Farben dargestellt. Sie werden auch den sieben Chakras, den sieben Noten in einer Oktave und den sieben großen Hauptplaneten zugeordnet.

Der Elefant repräsentiert die Eigenschaft der lebenslangen Suche nach Nahrung für Körper, Geist und Herz. Jemand, der das erste Chakra aktiviert hat, schreitet mit dem festen und sicheren Schritt eines Elefanten durchs Leben. Er wird sich nach ganzen Kräften bemühen, seine physische Kraft zu erhöhen. Er wird seine Arbeit mit der Bescheidenheit eines einfachen Arbeiters leisten, der die ständigen Befehle anderer ausführt. Von jemandem, der seine *Indriyas* – die Sinnes- und Arbeitsorgane – kontrollieren kann, sagt man, er wird zum Indra.

DIE GOTTHEIT: Bala Brahma (das Kind Brahma). Brahma, der Herr der Schöpfung, herrscht über den Norden. Er ist der Aspekt der göttlichen Energie, der im ersten Chakra vorherrscht. Er wird als strahlendes Kind mit vier Köpfen und vier Armen dargestellt. Seine Haut hat die Farbe des Weizens. Er trägt einen gelben Dhoti (das traditionelle indische Tuch, das den Unterkörper bedeckt) und einen grünen Schal. Mit den vier Köpfen sieht Brahma in alle vier Himmelsrichtungen gleichzeitig. Jeder Kopf repräsentiert einen der folgenden vier Aspekte des menschlichen Bewußtseins:

1. Das physische Selbst: die Beziehung des Körpers zu Nahrung, Bewegung, Schlaf und Sex. Das physische Selbst manifestiert sich mit Hilfe der Erde, Materie und der Mutter.

2. Das rationale Selbst: der Intellekt oder die konditionierte Logik, die den Denkprozeß des Individuums bestimmt.
3. Das emotionale Selbst: die Stimmungen und Neigungen, die sich in einer Person ständig wandeln. (Verliebtheit und Treue werden vom emotionalen Selbst beeinflußt.)
4. Das intuitive Selbst: die innere Stimme, die im Bewußtsein jedes Menschen ist.

In seinen vier Armen hält Brahma folgende Gegenstände:

- In der oberen linken Hand hält er eine Lotosblume, das Symbol der Reinheit,
- in der zweiten linken Hand die heiligen Schriften, die das Wissen der gesamten Schöpfung enthalten (Brahma kann, wenn er auf die richtige Weise erweckt wird, geheimes Wissen vermitteln).
- In einer rechten Hand hält er eine Vase, die Nektar enthält, Amrita, die kostbare Flüssigkeit der Lebenskraft.
- Die vierte Hand formt die Mudra* des Gewährens der Furchtlosigkeit.

Brahma erscheint in den Zwielichtstunden zwischen Dämmerung und Sonnenaufgang. Wer ihn visualisiert erweckt eine friedvolle Stille im Geist. Alle Ängste und Unsicherheiten werden durch Gott Brahma gelöst, den allzeit wachsamen Schöpfer.

SHAKTI: Dakini. Die Energie der Dakini Shakti vereinigt in sich die Kraft des Schöpfers, des Erhalters und des Zerstörers (der Dreizack, den sie in einer ihrer linken Hände hält, symbolisiert diese drei Kräfte).

In ihrer anderen linken Hand hält sie einen Totenschädel, der auf die Befreiung von der Todesangst hinweist – dem psychologischen Grundproblem des ersten Chakras.

Ihre obere rechte Hand hält ein Schwert, mit dem sie die Angst beseitigt, die Ignoranz besiegt und dem Sadhaka hilft, alle Schwierigkeiten zu überwinden.

In ihrer anderen rechten Hand hält sie ein Schutzschild, das die Kraft verleiht, sich vor Problemen zu schützen.

*Mudra bedeutet hier: eine Handhaltung, die etwas ausdrückt

Dakini Shakti hat rosafarbene Haut und trägt einen Sari von entweder pfirsichgelber oder zinnoberroter Farbe. In einigen Texten wird sie als zornig blickende, furchteinflößende Gottheit dargestellt, doch sollten die Bildnisse der Götter und Göttinnen während der Meditation stets mit ihren freundlichen Stimmungen visualisiert werden. Die Augen der Dakini Shakti sind von strahlend roter Farbe.

HERRSCHER: Ganesha. Der Elefantenköpfige Gott Ganesha, der Gott aller Anfänge, wird erweckt, um allen Unternehmungen Schutz zu verleihen.

Ganeshas Gestalt mag zwar sehr reizvoll sein, doch fällt es unserem rationalen Verstand schwer, ihn als wichtige Gottheit zu aktzeptieren. Zur Verehrung Ganeshas gehört, daß man akzeptiert, daß er der Beseitiger von Hindernissen ist. Damit besiegt man den rationalen Verstand, bzw. die linke Gehirnhälfte, die von Natur aus analytisch und kritisch ist, und befreit die rechte Gehirnhälfte, die emotional ist und für alle spirituellen Unternehmungen benötigt wird. Die Visualisierung Ganeshas hilft, den inneren Dialog zum Schweigen zu bringen. Wer sich von der äußeren Erscheinungsform abschrekken läßt, kann die innere Schönheit Ganeshas nicht bewundern. Wer aber durch die physische Realität dringt, kann in Ganesha die Vereinigung von Liebe und Weisheit, Shakti und Shiva, sehen.

Ganeshas Haut ist korallenrot. Er trägt einen zitronengelben Dhoti. Um seine Schultern liegt ein grüner Seidenschal. Er hat vier Arme, die ihm zur Beseitigung von Hindernissen dienen. Ganesha ist der Sohn Shivas und Parvatis*. Das Swastika, das alte indische Symbol der Vereinigung der vier Himmelsrichtungen, der Aufwärtsbewegung der kreativen Energie und der Sonnenstrahlung, bildet den Hintergrund Ganeshas. In seinen vier Armen hält Ganesha die folgenden Gegenstände:

- Ein *Ladu*, eine appetitlich duftende Süßigkeit, die Sattva symbolisiert, den feinsten Zustand des Reinen Bewußtseins. Das Ladu bringt auch Gesundheit und Wohlstand ins Haus.
- Eine Lotosblume, das Symbol der Tugenden selbstlosen Handelns und eines makellosen Charakters.
- Ein Beil, das die Kontrolle über den «Elefanten der Begierden» symbolisiert und die Fesseln der Verstrickungen in Begierden durch-

*Parvati ist einer der vielen Namen Shaktis

trennt. Das Beil trennt auch Menschen von der falschen Identifikation ihres Selbst mit dem physischen Körper.
- Die vierte Hand erhebt Ganesha in der Mudra (Geste) des Gewährens der Furchtlosigkeit.

WIRKUNGEN DER MEDITATION: Das Muladhara-Chakra repräsentiert die Manifestation des individuellen Bewußtseins in menschliche Form, das heißt die physische Geburt. Die Meditation auf die Nasenspitze bewirkt langsame Bewußtwerdung, Freiheit von Krankheiten, das Gefühl von Leichtigkeit, Inspiration, Vitalität, Kraft, Mut und Sicherheit. Man entwickelt einen Sinn für innere Reinheit, für Nada, die innere Melodie; die Stimme wird weich und freundlich.

CHARAKTERISTISCHE VERHALTENSWEISEN IM MULADHARA-CHAKRA: Wenn sich ein Mensch weigert, nach den Naturgesetzen zu leben, die seinen Körper beherrschen, wird er weiteres Karma (Handlungen) oder weltliche Verstrickungen verursachen. Seine Sinnes- und Arbeitsorgane werden nur dazu beitragen, im Austausch mit vorübergehender Befriedigung, Verwirrung und Schmerz zu erzeugen. Beginnt er jedoch in Einklang mit diesen natürlichen Gesetzen zu handeln, wird er aufhören, Energie zu vergeuden und seine Sinneswahrnehmungen durch übermäßige Genußsucht zu trüben. Ein solcher Mensch wird weise und maßvoll handeln und entdecken, daß Körper und Geist Werkzeuge sind, um sich aus den niederen Sphären zu befreien.

Jedes Kind im Alter von eins bis sieben Jahren handelt natürlicherweise aus Motiven des ersten Chakras heraus. Die Erde wird als neue Erfahrung begriffen. Das Kleinkind muß sich erden und die Regeln seiner Welt aufstellen, es muß lernen, sich einen richtigen Rhythmus im Essen, Trinken und Schlafen anzugewöhnen, um seine weltliche Existenz sicherzustellen. Das Kleinkind ist in dieser Phase sehr mit sich selbst und mit seinem eigenen physischen Überleben beschäftigt.

Das Hauptproblem eines Kindes oder eines Erwachsenen, der aus Erstchakra-Beweggründen heraus handelt, ist gewalttätiges Handeln aus Unsicherheit. Eine ängstliche Person kann blind und sinnlos um sich schlagen, wie ein in die Enge getriebenes Tier, weil sie das Gefühl hat, daß sie grundlegender Sicherheit beraubt wurde.

Ein Mensch, der vom Muladhara-Chakra beherrscht wird, schläft in der

Regel zehn bis zwölf Stunden täglich und liegt dabei auf dem Bauch. Dieses Chakra umfaßt die Ebenen der Genesis, Illusion, des Zorn, der Gier, des Wahns, der Habsucht und der Sinnlichkeit*. Diese Aspekte des ersten Chakras sind wesentliche Grundzüge der menschlichen Existenz. Das Bedürfnis, noch mehr Erfahrungen und Information zu sammeln, liefert die Motivationskraft, den Grundtrieb zur individuellen Entwicklung.

Das Muladhara-Chakra ist der Sitz der zusammengerollten Kundalini, der Shakti oder Lebensenergie. Die Kundalinischlange ist um den Svayambhu-Lingam gewunden. Das Basis-Chakra ist die Wurzel für jegliches Wachstum und des Bewußtseins des Göttlichen im Menschen.

---

*siehe auch das Buch *Lila - Das kosmische Spiel* von Harish Johari, Sphinx Verlag, Basel 1991

Svadhisthana-Chakra
(Zweites Chakra)

Bedeutung des Namens: «die Wohnstatt des Selbst»

Lage: Unterbauch-Nervengeflecht; Genitalien

Bija-Farbe (Farbe des Kernlauts): Gold

Bija- (Blütenblätter-)Klänge: «Bang», «Bhang», «Mang», «Yang», «Rang», «Lang»

Orientierung: Fortpflanzung, Familie, Phantasie. Das Erd-Element des Muladhara-Chakra löst sich in das Wasser-Element des Svadhisthana-Chakra auf. Die Phantasie erwacht, wenn ein Mensch mit seiner Famile und mit Freunden soziale Kontakte pflegt. Die Inspiration zur Kreation beginnt im zweiten Chakra.

Tattva (Element): Wasser

Farbe des Tattva: Hellblau

Form des Tattva: Kreis

Vorherrschende Sinneswahrnehmung: Geschmack

Sinnesorgan: Zunge

Arbeitsorgan: Genitalien

Vayu (Luft): Apana-Vayu (siehe die Erklärung zum ersten Chakra).

Loka (Ebene): Bhuvar Loka (Astralebene), Naga Loka (Ebene der Phantasie)

Herrschender Planet: Merkur (lunar, weiblich)

YANTRA-FORM: Der Kreis mit der Mondsichel. Die liegende Mondsichel ist das Yantra dieses Chakras; es ist von hellblauer Farbe. Der Kreis ist die Form des Wasser-Elements. Im zweiten Chakra dominiert das Wasser-Element – die Essenz des Lebens.

Drei Viertel der Erde sind von Wasser bedeckt. Der Mond beeinflußt die

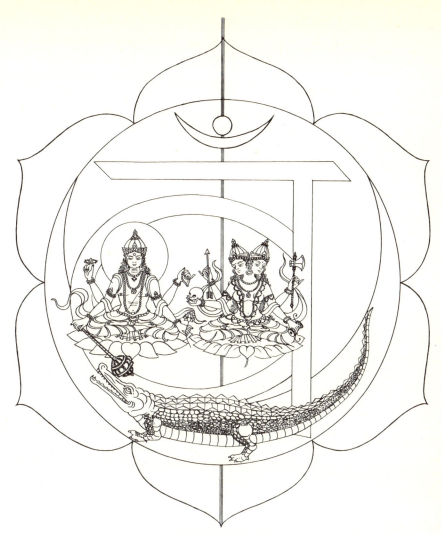

Svadishthana Chakra

स्वाधिष्ठान् चक्र

Bija Blütenblätter Klang

बं भं मं यं रं लं

Gezeiten des Meeres. Das Körpergewicht des Menschen besteht zu drei Vierteln aus Wasser. Der Mond beeinflußt die emotionalen Gezeiten des Menschen. Der weibliche Zyklus stimmt mit dem des Mondes überein. Das Svadhishthana-Chakra ist das Zentrum der Fortpflanzung und hat eine direkte Verbindung zum Mond.

Die lebenswichtige Verbindung zwischen Wasser und Mond wird durch die Yantraform der Mondsichel im weißen Kreis des Wasserchakras dargestellt. Der Mond spielt eine große Rolle im Leben der «Zweitchakra-Person» (einer Person, die von den Motiven des 2. Chakras beherrscht wird), die während der wechselnden Mondphasen durch viele emotionale Schwankungen geht.

Der Kreis mit sechs Blütenblättern: Außerhalb des weißen Kreises befinden sich sechs rote Lotosblütenblätter; das Rot ist eine Mischung aus Zinnober und Karmin, die Farbe des Merkur-Oxid. Die sechs Blütenblätter repräsentieren sechs wichtige Nervenenden im zweiten Chakra. So wie die vier Blütenblätter im ersten Chakra den Energiefluß durch vier Quellen (Nervenenden) und durch alle vier Dimensionen repräsentieren, so symbolisieren die sechs Blütenblätter im zweiten Chakra Energie, die von sechs Dimensionen fließt. Im zweiten Chakra wird das geradlinige Bewußtsein des ersten Chakras kreisförmig, beweglicher und fließender. Der weiße Kreis symbolisiert Wasser, das Element des Svadhishthana-Chakras.

BIJA-LAUT: «Vang». Während der Kernlaut «Vang» wiederholt wird, sollte die Konzentration auf das zweite Chakra gerichtet sein. Wasserklänge verstärken die Wirkung dieses Bijas. Wenn dieser Laut in der richtigen Weise erzeugt wird, löst er alle Blockaden in den unteren Körperbereichen damit die Energie dort frei fließen kann.

DER TRÄGER DES BIJA: Das Krokodil, *Makara*. Mit seinen schlangenartigen Bewegungen symbolisiert das Krokodil die sinnliche Natur der Zweitchakra-Person. Das Krokodil fängt seine Beute mit Hilfe vielfältiger Tricks. Es läßt sich gerne treiben, taucht tief unter die Wasseroberfläche und besitzt starke Sexualkraft. Das Fett des Krokodils wurde früher zur Steigerung der Manneskraft verwendet.

Die Gewohnheiten des Krokodils beim Jagen, seine List, seine Art, sich treiben zu lassen und seine Phantasie sind die Merkmale einer Person, die von den Motivationen des zweiten Chakra beherrscht wird. Den Ausdruck «Krokodilstränen vergießen» kennt man auch in der indischen Sprache, er bezeichnet das zur Schau stellen falscher Emotionen.

DIE GOTTHEIT: Vishnu, der Erhalter der Welt. Vishnu repräsentiert die Kraft, die die Menschheit am Leben erhält im zweiten Chakra, dem Chakra der Fortpflanzung, auf einer rosafarbenen Lotosblüte. Seine Haut ist von lavendelblauer Farbe und er trägt einen goldgelben Dhoti. Ein grüner Seidenschal bedeckt seine vier Arme. Vishnu verkörpert die Prinzipien der richtigen Lebensweise. Sein Wesen ist «Lila», «das Spiel». Er nimmt bewußt unterschiedliche Formen an und spielt verschiedene Rollen. Er ist der Held des kosmischen Dramas.

Vishnu hält in seinen vier Armen das Zubehör, das unentberlich ist, um das Leben richtig zu genießen:

1. Die Muschel enthält den Klang der Meereswellen. Die Muschel Vishnus repräsentiert den reinen Klang, der den Menschen Befreiung bringt.
2. Ein Ring aus Licht dreht sich als Chakra um den Zeigefinger Vishnus. Dieses Chakra ist das Symbol des Dharma. Das Dharma-Chakra dreht sich um seine eigene Achse; es überwindet Hindernisse, beseitigt Disharmonie und bringt das Ungleichgewicht ins Gleichgewicht. Das Rad, die Form des Chakras, repräsentiert Zeit. Indem es zuverlässig immer wieder dieselbe Umdrehung vollführt, erzeugt das Chakra-Rad die Zyklen der Zeit. Alles, was nicht mit dem kosmischen Rhythmus übereinstimmt, muß automatisch zu Ende gehen.
3. Die Keule ist aus Metall, ein irdisches Element; sie ist ein Werkzeug, um die Kontrolle über die Erde aufrecht zu halten. Mit ihr hat Vishnu die Macht über die Erde «im Griff». Irdische Sicherheit in Form von materiellem Wohlstand ist die Grundvoraussetzung, damit sinnliche Bedürfnisse und sexuelle Wünsche Erfüllung finden können.
4. Eine zartrosa Lotosblüte hält Vishnu in seiner viertern Hand. Der Lotos wächst aus dem Schlamm und bleibt doch leuchtend, strahlend schön und anmutig. Die Lotusblume ist rein – vollkommen unbeeinflußt von ihrer Umgebung. Ihre Blüte öffnet sich mit den ersten Strahlen der aufgehenden Sonne, und mit den letzten Sonnenstrahlen des Tages schließt sie ihre Blätter wieder. Zart und süß duftend ist der Lotos eine Wohltat für die Sinne.

SHAKTI: Rakini. Rakini-Shakti hat zwei Köpfe. Ihre Haut ist zartrosa (gemäß dem Shat-Chakra-Nirupan hat sie jedoch die Farbe eines blauen Lotos). Sie trägt einen roten Sari. Juwelen schmücken ihren Hals und ihre vier Arme. Der erste Funke an Inspiration für Kunst und Musik kommt von der Rakini-Shakti. In ihren vier Armen hält sie folgende Gerätschaften:

1. *Einen Pfeil:* Dieser Pfeil, der vom Bogen Kamas (des Gottes der erotischen Liebe) abgeschossen wird, stellt das Wesen einer Person dar, die von den Motiven des zweiten Chakra beherrscht wird, während sie ihren Pfeil in das gewünschte Ziel schießt; er weist auf den Impuls der Aufwärtsbewegung im Bereich dieses Chakras hin. Der Pfeil des Rakini-Chakra ist der Pfeil der Gefühle und Emotionen, die als Folge der Dualität sowohl Freude und Schmerz mit sich bringen.
2. *Ein Schädel:* Der Schädel symbolisiert das Wesen des Romantikers, der seinen Kopf in der Hand trägt und dessen Emotionen sein Verhalten bestimmen.
3. *Eine Damaru* (Trommel): Die Trommel weist auf die Bedeutung von Rhythmus und Takt im zweiten Chakra hin.
4. *Eine Purusha* (Axt): Die Axt war die erste Waffe, die der Mensch erfunden hat. Mit dieser Waffe überwindet die Rakini-Shakti alle Hindernisse im Bereich des zweiten Chakras.

Die zwei Köpfe der Rakini-Shakti repräsentieren die gespaltene Energie im zweiten Chakra: Ein Mensch, der von den Motiven des zweiten Chakras beherrscht wird, bemüht sich, ein Gleichgewicht zwischen der Außen- und seiner Innenwelt zu schaffen. Die Persönlichkeitserweiterung beginnt in diesem Chakra.

Der Haupttrieb im ersten Chakra ist das Streben nach materieller Sicherheit. Die Aufmerksamkeit ist linear und geht in eine einzige Richtung. Im zweiten Chakra wird die Aufmerksamkeit auf die Begierden und Phantasien der sinnlichen Natur gelenkt.

WIRKUNGEN DER MEDITATION: Die Konzentration auf dieses Chakra ermöglicht es dem Geist, die Welt so zu reflektieren wie der Mond die Sonne reflektiert. Wenn man sich von Lust, Zorn, Gier, Wankelmut und Eifersucht befreit hat, erwirbt man die Fähigkeit, kreative und lebenserhaltende Energien zu nutzen, um sich in die Sphären der feinen Künste zu begeben und reine, klare Beziehungen mit anderen einzugehen. Wenn man Gott Vishnu visualisiert, stellt sich ein Gefühl des tiefen Friedens ein, ein Gefühl, das so viel Ruhe erzeugt, wie ein stiller See. Die Erhebung vom ersten zum zweiten Chakra erzeugt ein lunares Bewußtsein, das die göttliche Gnade der Schöpfung und Erhaltung der Welt reflektiert. Vishnu sieht alle Welten und erhält die Schöpfung des Gottes Brahma. Er ist ein Wohltäter mit dem Antlitz des reinsten Wesens.

CHARAKTERISTISCHE VERHALTENSWEISEN IM SWADHISTANA-CHAKRA: Normalerweise werden die Handlungen eines Menschen im Alter von acht bis vierzehn Jahren von Motiven des zweiten Chakras bestimmt. Er wird jede Nacht acht bis zehn Stunden schlafen; und dabei vorzugsweise Embryo-Haltung einnehmen. In der Terminologie der Elemente ausgedrückt löst sich Erde in Wasser auf. Im zweiten Chakra beginnt das Kind, mit seiner Familie und Freunden physischen Kontakt aufzunehmen, statt, wie im ersten Chakra, allein und in Abwehrhaltung zu stehen. Die Vorstellungskraft nimmt zu. Sobald das Bedürfnis nach Nahrung und Wohnung befriedigt wurde, ist der Mensch frei, sich jede gewünschte Umgebung und Situation vorzustellen. Sinnlichkeit beginnt in Beziehungen eine Rolle zu spielen, da sich ein neues Bewußtsein für den physischen Körper entwickelt.

Das Bedürfnis nach körperlichen Reizen und geistigen Phantasien kann für einen Menschen auf dieser Ebene zum Problem werden. Die Schwerkraft bewirkt, daß Wasser nach unten fließt, und folglich kann das zweite Chakra eine nach unten ziehende, strudelartige Wirkung auf die Psyche haben und im Menschen Ruhelosigkeit und Verwirrung schaffen. Körper und Geist haben natürliche Grenzen, die man verstehen und respektieren muß, will man gesund und ausgeglichen bleiben. Um Harmonie und Frieden von Körper und Geist zu bewahren, müssen Ernährung, Schlaf und Sexualität bestimmten Regeln folgen.

Eine vom zweiten Chakra dominierte Person stellt sich gern vor, ein Prinz, ein Herr von Welt oder ein Held zu sein. Sie wechselt ihre Rollen, hat ein hohes Maß an Selbstbewußtsein und ist ritterlich. Jede Kultur bringt eine Fülle von Geschichten und Gedichten hervor, die diese königlichen Helden und Zerstörer des Bösen feiern.

Das Svadhisthana-Chakra umfaßt sowohl die astrale Ebene wie die Ebenen der Unterhaltung, Phantasie, Nichtigkeit, Eifersucht, des Mitleids, des Neids und der Freude. Die Astralebene ist der Raum zwischen Himmel und Erde. Hier wird die Erde zu einem Juwel und die Himmel sind in Reichweite. Phantasie kann im Bereich der Kunst und des Kunsthandwerks sinnvoll umgesetzt werden. Nichtigkeit ist der Zustand von Leere und Ziellosigkeit. Wenn die Welt durch einen negativen Geist gesehen wird, gibt es nichts Aufregendes, nichts Angenehmes und alles scheint verloren. Neid und Eifersucht entstehen aus dem Bedürfnis, die Zeit oder die Eigenschaften anderer zu besitzen. Daraus entsteht ein destruktiver Zustand ruheloser Angst. Die Ebene der Freude ruft ein Gefühl tiefer Befriedigung hervor. Diese Freude durchdringt das gesamte Bewußtsein der Person, die sich über die Aspekte des zweiten Chakras hinaus entwickelt hat.

Manipura-Chakra
(Drittes Chakra)

Bedeutung des Namens: «die Stadt der Edelsteine»

Lage im Körper: Solarplexus, epigastrisches (Oberbauch-) Nervengeflecht, Nabel

Bija- (Kernlaut-)Farbe: Gold

Bija- (Blütenblätter-)Klänge: «Dang», «Dhang», «Rlang» (palatale Laute), «Tang», «Thang», «Dang», «Dhang», «Tang» (dentale Laute), «Nang», «Pang», «Phang» (labiale Laute)

Orientierung: Visuell, Form, Ego, Farbe

Tattva (Element): Feuer

Form des Tattva: Dreieck

Vorherrschende Sinneswahrnehmung: Sehen

Sinnesorgan: Auge

Arbeitsorgan: Füße und Beine

Vayu (Luft): Saman-Vayu, die Luft, die im oberen Bauchbereich der Nabelgegend ansäßig ist und die dem Verdauungssystem hilft. Sie transportiert das Blut und die Chemikalien, die bei der Assimilation im Solarplexus produziert werden. Mit Hilfe des Saman-Vayu wird Rasa oder die Essenz der Nahrung hergestellt, assimiliert und durch den gesamten Körper transportiert.

Loka (Ebene): Sva Loka (himmlische Ebene)

Vorherrschender Planet: Sonne (solar, männlich)

YANTRA-FORM: Ein auf der Spitze stehendes Dreieck. Das nach unten zeigende rote Dreieck befindet sich in einem Kreis, der von zehn Blütenblättern umgeben wird. Das Dreieck ist die Form des Feuerelements. Dieses Chakra wird auch Solarplexus genannt. In ihm dominiert das Feuerelement, das die Verdauung und Absorption der Nahrung unterstützt, und den gesam-

Manipura Chakra

मणिपूर चक्र

Bija Blütenblätter Klang

डं ढं णं तं थं दं धं नं पं फं

ten Körper mit der zum Überleben notwendigen vitalen Energie versorgt. Das Dreieck ist die einfachste streng geometrische Form: Es benötigt nur drei Seiten und bildet dennoch eine in sich geschlossene Einheit. Der visuelle Bereich spielt eine große Rolle im Leben einer Person, die vom dritten Chakra dominiert wird. Das Element Feuer beherrscht ihr Bewußtsein, und ihr hitziges Temprament kann schon von weitem gespürt werden. Das auf der Spitze stehende Dreieck symbolisiert die abwärtsgerichtete Bewegung der Energie.

Der Kreis mit zehn Blütenblättern: Die Blütenblätter stellen die zehn wichtigen Nervenenden dar, die zehn Quellen, aus denen man Energie beziehen kann. Die Energie fließt in zehn Dimensionen: ihr Muster ist weder rund noch quadratisch; ihre Bewegungsrichtung ist nicht mehr kreisförmig, wie die des zweiten Chakras. Die Farbe der Blütenblätter ist blau wie das Blau im Innersten einer Flamme, dem leuchtendsten Teil des Feuers. Die zehn Blütenblätter stellen auch die zehn Pranas, oder vitalen Atemzüge, als Rudras (Primärformen Shivas) dar. Jedes Blütenblatt zeigt einen Aspekt des Braddha-Rudra (des alten Shiva).

BIJA-(KERN-)LAUT: «Rang». Diese Silbe wird erzeugt, indem man die Lippen zu einem Dreieck formt und die Zunge gegen den Gaumen drückt. Während der Erzeugung dieses Lautes sollte man sich hauptsächlich auf den Nabel konzentrieren. Wird der Laut «Rang» auf die richtige Weise wiederholt, erhöht er die Verdauungskraft sowie die Kraft der Assimilation und Absorption des Körpers. Der Laut hat auch eine positive Wirkung auf die Lebenskraft und dient der Langlebigkeit. Sie ist die Hauptsorge des vom dritten Chakra motivierten Menschen.

Der Bija «Rang» befindet sich stets in einem Dreieck. Das auf der Spitze stehende Dreieck des Manipura-Chakra hat drei Tore und ist von karmesinroter Farbe. Feuer hat die Eigenschaft, sich nach oben zu bewegen, auch das Feuer des Manipura-Chakra wird sich dementsprechend verhalten, sofern es richtig funktioniert.

DER TRÄGER DES BIJA: Der Widder. Der Träger des Bija-Lautes «Rang» ist der Widder, der gleichzeitig das Vehikel von Agni, dem Feuergott, ist. Der Widder deutet das Wesen des Menschen an, der vom dritten Chakra dominiert ist: er ist stark und kämpft mit seinem Kopf.

Der Solarplexus ist das dritte Chakra, der Sitz des Feuers im Körper. Die typische «Dritt-Chakra» Person wird von Intellekt und Feuer beherrscht, beide sind von solarer Natur. Sie lebt in einer Gruppe und bewegt sich wie ein Widder auf das angestrebte Ziel zu, ohne über die Folgen nachzudenken. Ein Mensch, der vom dritten Chakrabereich motiviert wird, schreitet wie berauscht von Eitelkeit mit hocherhobenem Haupt und stolzem Schritt daher. Er ist sehr darauf bedacht, mit der Zeit zu gehen und modisch zu sein.

DIE GOTTHEIT: Braddha Rudra (der alte Shiva): Der Herrscher des Südens, Braddha Rudra, repräsentiert die Macht der Zerstörung. Alles Existierende kehrt zu ihm zurück. Er hat kampferblaue Haut und einen silbernen Bart; er sitzt in seiner zornigen Gestalt, mit Asche bedeckter Haut auf einem goldenen Tigerfell. Der Tiger symbolisiert Manas, den Verstand.

Personen dieses Chakras üben mit Hilfe ihres aufbrausenden Wesens über andere Kontrolle aus. Der Gesichtsausdruck eines Menschen in diesem Chakra gleicht dem eines gleichgültigen Menschen. Ichbezogenheit, Anerkennung, Unsterblichkeit, Langlebigkeit und Macht sind die Motivationen einer von diesem Chakra dominierten Person. Selbstlose Loyalität gegenüber Freunden und Familie enden, da diese Person lediglich in ihrem eigenen Interesse handelt.

SHAKTI: Lakini. Im dritten Chakra hat die Lakini-Shakti drei Köpfe. Ihr Blickfeld umfaßt drei Ebenen: die physische, die astrale und die himmlische. Die Lakini-Shakti ist sowohl mit Unabhängigkeit wie mit Feuer bewaffnet um ihre Pläne durchzuführen. Gemäß der Shat-Chakra-Nirupan ist sie von dunkler Hautfarbe und mit einem gelben Sari bekleidet.

In einer ihrer vier Hände hält die Lakini-Shakti den Blitz oder Vajra (den Stab), der auf die elektrische Energie des Feuers als auch auf die physische Hitze hinweist, die vom Inneren ihres Körpers ausgeht. In ihrer zweiten Hand hält sie den Pfeil, der vom Bogen des Kama, dem Gott der körperlichen Liebe, im zweiten Chakra abgeschossen wird. Dieser Pfeil bewegt sich ins Ziel und liefert den Impuls zur Aufwärtsbewegung der Energie. Ihre dritte Hand hält das Feuer. Mit ihrer vierten Hand bildet Lakini Shakti die Mudra (Geste) des Gewährens der Furchtlosigkeit.

WIRKUNGEN DER MEDITATION: Die Meditation über dieses Chakra weckt das Verständnis für Physiologie, für die inneren Körperfunktionen und für die Rolle der innersekretorischen Drüsen in Verbindung mit ihrem Einfluß auf die Emotionen des Menschen. Die Konzentration auf den Nabel, dem Zentrum der Schwerkraft im Körper, beseitigt Verdauungsbeschwerden und Verstopfung. Dies verhilft zu einem langen und gesunden Leben. Der Egoismus verschwindet, und man gewinnt die Macht, die Welt zu erschaffen und zu zerstören. Der Energiefluß, der im zweiten Chakra zustandekommt, nimmt praktische Form an. Phantasien werden praktisch umgesetzt, und man entwickelt die Fähigkeit, anzuordnen und zu organisieren. Man gewinnt Kontrolle über die Sprache und kann Gedanken sehr effektiv formulieren.

CHARAKTERISTISCHE VERHALTENSWEISEN IM MANIPURA-CHAKRA: Im Alter von vierzehn bis einundzwanzig Jahren wird der Mensch vom Manipura-Chakra beherrscht. Die Motivationsenergie dieses Chakras bewegt ihn dazu, sein Ego, seine Identität in der Welt zu entwickeln.

Eine Person, die vom dritten Chakra motiviert wird, strebt nach persönlicher Macht und Anerkennung, selbst wenn es auf Kosten von Familie und Freunden geht. Eine solche Person braucht sechs bis acht Stunden Schlaf täglich und schläft am liebsten auf dem Rücken liegend.

Die Ebene des Manipura-Chakra umfaßt Karma, Wohltätigkeit, Buße für begangene Fehler, gute Gesellschaft, schlechte Gesellschaft, selbstloses Dienen, Kummer, die Ebene des Dharma und die himmlische Ebene.

Das Dharma ist das zeitlose Naturgesetz, das alles Existierende miteinander verbindet. Indem man seinem eigenen Wesen treu bleibt, werden die Beziehungen zu anderen stabiler und klarer. Durch selbstloses Dienen, das heißt Dienen ohne Erwartung einer Belohnung, kann das Manipura-Chakra ausgeglichen werden. Die Praxis der Wohltätigkeit klärt den Pfad des Handelns oder Karmas. Jeder Mensch muß sich über seine Handlungen im Klaren sein, um ein Gleichgewicht im Leben herzustellen. Hat er erst einmal dieses Gleichgewicht erreicht, kann er in die himmlische Ebene der Erleuchtung eintreten.

Anahata-Chakra
(Viertes Chakra)

Bedeutung des Namens: «ungetroffen»

Lage im Körper: Plexus cardiacus, das Herz

Bija- (Kernlaut-)Farbe: Gold

Bija- (Blütenblätter-)Laute: «Kang», «Khang», «Gang», «Ghang», «Yong», «Cang», «Chang», «Jang», «Jang», «Jhang», «Uang», «Tang», «Thang»

Orientierung: Ein Gleichgewicht zwischen den drei Chakras oberhalb des Herzens und den drei Chakras unterhalb des Herzens herzustellen.

Tattva (Element): Luft (form-, geruch- und geschmacklos)

Farbe des Tattva: farblos, einige Schriften geben eine rauchig-graue, andere eine rauchig-grüne Farbe an.

Form des Tattva: Hexagramm

Vorherrschende Sinneswahrnehmung: Tastsinn

Sinnesorgan: Haut

Arbeitsorgan: Hände

Vayu (Luft): Prana-Vayu. Die Luft, die wir atmen und die ihren Sitz im Brustgebiet hat; sie ist reich an lebensspendenden negativen Ionen.

Loka (Ebene): Maha Loka (die Ebene des Gleichgewichtes)

Herrschender Planet: Venus (lunar, weiblich)

Yantra-Form: Das Hexagramm. Das grau-grüne Hexagramm des Anahata-Chakra ist von zwölf zinnoberroten Blütenblättern umgeben. Der sechszackige Stern symbolisiert das Luft-Element. Luft ist Prana, der vitale Lebensatem. Er unterstützt die Funktionen der Lunge und des Herzens, liefert frischen Sauerstoff und neue Lebenskraft, bzw. pranische Energie. Luft verursacht Bewegung, und das vierte Chakra hat Bewegungen nach allen Richtungen.

Anahata Chakra

अनाहत् चक्र

Bija Blütenblätter Klang

कं खं गं घं ङं चं छं जं झं ञं टं ठं

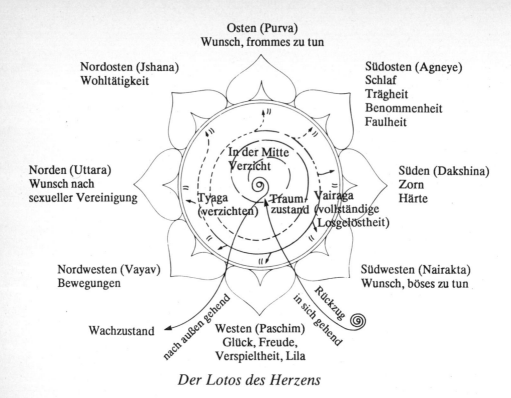

Der Lotos des Herzens

Dieses Yantra setzt sich aus zwei sich überschneidenden Dreiecken zusammen. Das Dreieck, dessen Spitze nach oben zeigt, symbolisiert Shiva, das männliche Prinzip. Das andere, auf der Spitze stehende Dreieck, symbolisiert Shakti, das weibliche Prinzip. Ein Gleichgewicht entsteht, wenn diese beiden Kräfte sich in Harmonie vereinigen.

Der Kreis mit zwölf Blütenblättern: Die zwölf tiefroten Lotosblätter entfalten sich vom Kreis aus nach außen; sie repräsentieren die Ausdehnung der Energie in zwölf Richtungen und den Fluß der Energie durch zwölf Quellen (Nervenenden). Das Verständnis einer vom vierten Chakra dominierten Person ist nicht linear (wie im ersten Chakra), nicht rund (wie im zweiten) oder dreieckig (wie im dritten). Wie der sechseckige Stern dehnt sich das Bewußtsein im vierten Chakra in alle Dimensionen und Richtungen aus. Das Herz-Chakra ist der Sitz des Gleichgewichtes innerhalb des Körpers, der Energiefluß bewegt sich gleichermaßen aufwärts wie abwärts.

Der Kreis mit acht Blütenblättern: Innerhalb des Anahata-Chakra befindet sich ein achtblättriger Lotos, in dessen Mitte das spirituelle oder ätherische Herz ruht. Dieses Herz, das Ananda-Kanda genannt wird, befindet sich auf der rechten Seite, während das physische Herz auf der linken Seite ist. In diesem spirituellen Herzen meditiert man über die geliebte Gottheit oder über das Licht. Die acht Blütenblätter stehen mit unterschiedlichen Emotionen in Verbindung, und wenn Energie durch sie hindurchfließt, tritt der Wunsch, der mit diesem Blütenblatt in Verbindung steht ins Bewußtsein (siehe Abb.).

BIJA- (KERN-)LAUT: «Yang». Wenn der «Yang»-Laut gebildet wird, ruht die Zunge innerhalb des Mundes in der Luft. Dabei sollte man sich auf das Herz konzentrieren. Wird der Bija-Laut «Yang» auf die richtige Weise intoniert, wird das Herz in Schwingungen versetzt, und alle Blockaden in der Herzregion werden aufgelöst. Wenn das Herz offen ist, kann die Energie ungehindert nach oben fließen. Dieser Bija verleiht Kontrolle über Prana und den Atem. Es heißt, daß er vier Arme habe und von strahlend goldener Farbe sei.

DAS TRÄGER DES BIJA: Das Reh (die Antilope). Das Reh oder die schwarze Antilope ist das Symbol des Herzens. Die Antilope springt freudig in die Höhe und verfängt sich ständig in den Vorspiegelungen von Reflektionen.

Sehr bewußt, empfindsam und stets voller Inspiration, ist das Reh auch das Wesen einer vom vierten Chakra beherrschten Person. Die Augen des Rehes sind ein Symbol für Reinheit und Unschuld. Die Augen eines Menschen des vierten Chakras sind gleichzeitig unschuldig, rein und von magnetischer Kraft.

Man sagt, daß Rehe bereit sind, für einen reinen Ton zu sterben. Die Liebe zu inneren Tönen, *Anahata-Nada*, ist die Liebe eines Menschen des vierten Chakras.

DIE GOTTHEIT: Ishana Rudra Shiva. Der Herrscher des Nordostens, Ishana Shiva, ist von der übrigen Welt völlig losgelöst. Er repräsentiert, mit kampferblauer Haut, das Wesen einer Person, bei der das vierte Chakra dominiert, und die ständig glücklich ist. Er trägt ein Tigerfell, das den Tiger des Geistes symbolisiert, der im Wald der Begierden lebt.

Das Wesen von Ishana ist friedfertig und wohlgesonnen. Er hält den Dreizack in seiner rechten Hand und eine Damaru-Trommel in seiner linken. Der heilige Ganges, der aus seinen Locken fließt, ist ein kühlender und reinigender Strom der Selbsterkenntnis: des Wissens um: «Ich bin DAS» (Aham Brahmasmi «Ich bin Brahman»). Die Schlangen, die sich um seinen Körper winden, sind die Leidenschaften, die er gezähmt hat. Er besitzt ewige Jugend, da der alte, zornige Aspekt des dritten Chakras überwunden ist.

Es besteht kein Interesse mehr nach Bindungen an weltliche Freuden, Ehren oder Demütigungen. Wünsche stellen kein Problem mehr dar, da die Energie des vierten Chakras in allen sechs Richtungen ausgewogen ist. Der Mensch, der im Bewußtsein des vierten Chakras lebt, ist in Harmonie mit den inneren und äußeren Welten.

Shiva in Lingam: Das vierte Chakra enthält ein Lingam in dem Rudra-Shiva als Sadashiva (Sada = ewig, Shiva = Wohltäter) erscheint. Er ist Shabda Brahma oder ewiger Logos. Als solcher ist er Omkara, die Kombination der drei Gunas: Sattva, Rajas und Tamas, die durch die Laute A, U und M repräsentiert werden und zusammen die heilige Silbe Aum oder Om bilden. Er steht mit einem Dreizack, dem Symbol der drei Gunas. Seine Haut ist kampferblau, und er ist mit einem goldenen Tigerfell bekleidet. Die Damaru-Trommel, die er in der anderen Hand trägt, hält den Rhythmus des Herzschlags aufrecht.

Dieser Shiva Lingam ist der zweite Lingam im Körper, er wird Bana-(Pfeil-) Lingam genannt. Der erste Lingam ist der Svayambhu-Lingam des ersten Chakras, um den die Kundalinischlange gewunden ist. Der Lingam des vierten Chakras ist synonym für das Bewußtsein. Die Kraft des Lingam hat die Funktion des persönlichen Gurus. Der Herz-Lingam kann der Führer sein, der auf jeder einzelnen Stufe des Pfades der aufwärtsgerichteten Energie-Bewegung den Adepten warnt oder inspiriert – solange er aufmerksam den Herzschlag beobachtet. Eine Steigerung oder Verringerung der Herzrate sollte als Warnsignal dienen, daß man etwas falsch praktiziert.

Dieser Lingam strahlt ein goldenes Licht aus und wird von einer Gewebsmasse im Nervenzentrum des Anahata-Chakra gebildet. Er leuchtet wie ein Juwel im Zentrum der Chakramala («Girlande der Chakras»; die Wirbelsäule) mit den drei oberen und den drei unteren Chakras. Sufis und Mystiker anderer Traditionen leiten ihre Schüler an, ein klares Licht im Herzen zu visualisieren, wenn sie damit beginnen, die Kundalinikraft zu erwecken, um in höhere Bewußtseinszustände einzutreten. Hier wird auch der Anahata-Nada oder Shabda-Brahma – der unangeschlagene kosmische Klang – erzeugt.

SHAKTI: Kakini. Die vier Köpfe der Kakini-Shakti repräsentieren den Zuwachs an Energie auf der Ebene des vierten Chakras. Ihre Haut ist rosafarben (gemäß des Mahanirvana-Tantra ist sie goldgelb). Sie trägt einen himmelblauen Sari und sitzt auf einem zartrosa Lotos. Kakini-Shakti inspiriert Musik, Poesie und Kunst. Im vierten Chakra erzeugt und verströmt sich die Energie aus sich selbst heraus.

In ihren vier Händen hält Kakini-Shakti die Geräte, die notwendig sind, um ins Gleichgewicht zu kommen:

- Das Schwert ist das Mittel, um Hindernisse zu beseitigen, die den Energiefluß daran hindern, aufwärts zu steigen.
- Der Schild beschützt den Adepten vor äußeren weltlichen Bedingungen.
- Der Totenschädel weißt auf die Befreiung von der falschen Identifikation mit dem Körper hin.
- Der Dreizack symbolisiert das Gleichgewicht der drei Kräfte der Erhaltung, der Schöpfung und der Zerstörung.

Kakini-Shakti durchdringt das vierte Chakra vollständig. Wie Luft erfüllt sie alles und versorgt den ganzen Körper durch die emotionalen Frequenzen von Bhakti (der spirituellen Hingabe) mit Energie. Im vierten Chakra wird Bhakti als Kundalini-Shakti personifiziert, die für Kakini-Shakti eine zusätzliche Hilfe ist, da sie die Bewegung der Energie noch oben leitet.

Kakini-Shakti ist in einer frohen, gehobenen Stimmung, und bei der Meditation stellt man sie sich als «mondgesichtige» (chandramukhi), vierköpfige, mit Ornamenten geschmückte Shakti vor. Ihre vier Köpfe sind gleichermaßen im Gleichgewicht, ihre Energie fließt in die vier Aspekte des Selbst, das sind das physische Selbst, das rationale Selbst, das sinnliche Selbst und das emotionale Selbst.

Kakini-Shakti ist für die Kreation von Poesie und Kunst auf einem verfeinerten, visionären Niveau zuständig. Weltliche Kunst und Musik, die von der Shakti des zweiten Chakras inspiriert ist, ist nicht in der Lage, den menschlichen Geist auf höhere Bewußtseinsebenen zu erheben, sie dient lediglich der Ablenkung. Im Gegensatz dazu ist die von der vierten Chakra Shakti inspirierte Kunst mit dem Rhythmus des Herzens im Einklang und daher auch mit dem kosmischen Rhythmus. Die Kunst, die hier ihren Mittelpunkt hat, ist zeitlos und existiert weit über die Grenzen von Vergangenheit,

Gegenwart und Zukunft hinaus. Das Bewußtsein des vierten Chakras ermöglicht es dem Adepten, das falsche Zeit-Bewußtsein der Personen, die vom Bewußtsein der unteren Chakras beherrscht sind, zu transzendieren.

Kundalini-Shakti: Im Herz-Chakra erscheint die Kundalini-Shakti zum ersten Mal als eine wunderschöne Göttin. Sie sitzt im Lotossitz in einem Dreieck. Das Dreieck zeigt aufwärts und deutet damit an, daß die Shakti die Neigung hat, sich aufwärts zu bewegen und den Adepten auf die höheren Ebenen des Seins zu tragen.

In einen weißen Sari gekleidet, ruht die Kundalini-Shakti heiter und gelassen in ihrer Mitte. Sie ist die jungfräuliche Mutter und gleichbedeutend mit Bhakti, der selbstlosen spirituellen Hingabe. Sie wird nun nicht mehr länger mit der zerstörerischen Schlangenkraft personifiziert, wie sie für das erste Chakra charakteristisch war. Die Kundalini-Shakti wird nun zu einer Göttin, und man kann mit ihr, der aufwärtsstrebenden Energie, in Verbindung treten. Sie ist nicht mehr länger um den Lingam gewunden, sondern sitzt unabhängig in einer Yoga-Haltung.

In der Lotoshaltung sitzend, verkörpert Kundalini-Shakti Anahata-Nada, den kosmischen Klang, der allgegenwärtig ist und auch «weißes Rauschen» genannt wird. Dieser Klang nimmt im Herzen seinen Anfang als Aum, dem Ursprung aller Klänge. Das Herz und der Atem spielen im Anahata Chakra eine wesentliche Rolle, denn das Herz ist der wichtigste Sitz der Gefühle im Körper, und wenn man seine Atmung meistert, wird gleichzeitig auch der Herzrhythmus reguliert. Ein Mensch, der das Bewußtsein des vierten Chakras erreicht hat, erlangt ein subtileres Gleichgewicht in seinem Körper und Geist. Die Ebene der Heiligkeit innerhalb dieses Chakras bewirkt, daß man die göttliche Gnade in jeglicher Daseinsform wahrnehmen kann.

WIRKUNGEN DER MEDITATION: Indem man sich durch das vierte Chakra entwickelt, meistert man die Sprache, Dichtkunst und alle sprachlichen Ausdrucksformen sowie die Indriyas, oder Begierden, und die Körperfunktionen. Man wird zum Meister seiner selbst und gewinnt an Weisheit und innerer Stärke. Männliche und weibliche Energien kommen ins Gleichgewicht, und die Trennung der beiden Energien außerhalb des Körpers stellt kein Problem mehr dar, weil alle Beziehungen rein werden. Die Sinne sind unter Kontrolle, und der Mensch kann sich frei entfalten, ohne durch äußere Beschränkungen behindert zu werden. Wer im vierten Chakra seine Mitte gefunden hat, hat sich über die Grenzen der äußeren Verhältnisse und des Lebensraumes hinaus entwickelt, er wird unabhängig und übt durch seine Ausstrahlung große Anziehungskraft aus. Sein Leben wird zu einer Quelle der Inspiration für andere, die in seiner Gegenwart Frieden und Ruhe finden. Die göttliche Vision entwickelt sich mit Hilfe des reinen Klangs im Anahata-Chakra und erzeugt ein Gleichgewicht zwischen Aktivität und Vergnügen. Man gewinnt die Beherrschung über Vayu, das Luft-Element. Da Luft formlos ist, kann die «Viert-Chakra-Person» unsichtbar werden, durch den Raum reisen und in die Körper anderer Menschen eintreten.

CHARAKTERISTISCHE VERHALTENSWEISEN IM ANAHATA-CHAKRA: Im Alter von einundzwanzig bis achtundzwanzig Jahren schwingt der Mensch im Anahata-Chakra. Er wird sich seines Karmas, der Handlungen seines Lebens, bewußt. Bhakti oder Vertrauen ist die motivierende Kraft während man danach strebt, auf allen Ebenen ins Gleichgewicht zu kommen. Ein solcher Mensch schläft für gewöhnlich vier bis sechs Stunden täglich auf seiner linken Seite.

Das Reh des Anahata-Chakras springt geschwind und wechselt oft hakenschlagend seine Richtung. Ein liebender Mensch kann die Eigenschaften und Tendenzen eines Rehes haben, wie z.B. die verträumten Augen, ruheloses Umherwandern und das schnelle Entfliehen. Wenn diese Eigenschaften kontrolliert werden können, werden auch die emotionalen Störungen aufhören, zu existieren.

Das Anahata-Chakra umfaßt *Sudharma* (die geeignete oder richtige Religion), gute Gewohnheiten und die Ebenen der Heiligkeit, des Gleichgewichts und Wohlgeruchs. Im Anahata-Chakra kann man durch den Reinigungsprozeß des Fegefeuers gehen, wenn sich negatives Karma (Handlungen) angehäuft hat. Klarheit des Bewußtseins ist die Erleuchtung des reinen Menschen, der gute Gewohnheiten entwickelt hat und der sein Leben Jana Loka, der menschlichen Ebene, geweiht hat.

Vishudha-Chakra
(Fünftes Chakra)

Bedeutung des Namens: «rein»

Lage im Körper: Halsschlagader Nervengeflecht, die Kehle

Bija- (Kern-)Farbe: Gold

Bija- (Blütenblätter-)Klänge: «Ang», «Āng», «Ing», «Īng», «Ung», «Ūng», «Ṛing», «Ṛīng», «Ḷring», «Ḷrīng», «Eng», «Aing», «Ong», «Aung», «Ang», «Ahang»

Orientierung: Wissen; die menschliche Ebene

Tattva (Element): Akasha; Klang

Farbe des Tattva: rauchig-purpur

Form des Tattva: Halbmond

Vorherrschende Sinneswahrnehmung: Hörsinn

Sinnesorgan: Ohren

Arbeitsorgan: Mund (Stimmbänder)

Vayu (Luft): Udana-Vayu; die Luft, die sich in der Halsregion des Kopfes befindet. Dieser Vayu tendiert dazu, die Luft nach oben durch den Kopf zu transportieren und die Bildung von Lauten zu unterstützen.

Herrschender Planet: Jupiter

YANTRA-FORM: Der Halbmond. Das Yantra des Vishudha-Chakra ist ein silberner Halbmond in einem weißen Kreis, der wie der Vollmond scheint und von sechzehn Blütenblättern umgeben ist. Der silberne Halbmond ist das lunare Symbol von Nada, dem reinen kosmischen Klang. Das fünfte Chakra, das in der Halsgegend liegt, ist der Sitz des Klangs im Körper. Der Halbmond ist symbolisch für Reinheit, und Reinigung ist ein Kernthema im Vishudha-Chakra.

Der Mond umfaßt die Bereiche der übersinnlichen Energie, Hellsichtigkeit und wortlose Kommunikation. Die Person des fünften Chakras versteht

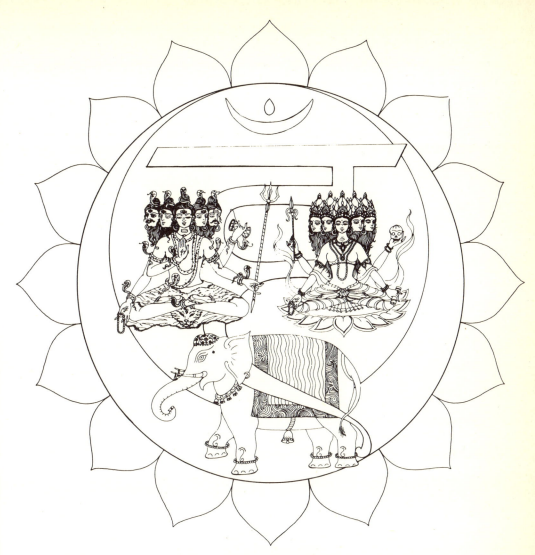

Vishuddha Chakra

विशुद्ध चक्र

Bija Blütenblätter Klang

अं आं इं ईं उं ऊं ऋं ऋं लृं लृं एं ऐं ओं औं अं अः

nonverbale Botschaften, da alle Energien verfeinert wurden. Der Mond repräsentiert auch den Kühlungsmechanismus in der Kehle. Hier werden alle Flüssigkeiten und Speisen auf eine dem Körper angemessene Temperatur gebracht.

Der Kreis mit sechzehn Blütenblättern: Die sechzehn Lotosblütenblätter sind lavendelgrau oder rauchig-purpurfarben. Die sechzehn vollendet den Zyklus, wobei um den Kreis herum eine Oktave aufsteigt und eine Oktave absteigt. Hier endet die Zunahme der Blütenblätter in den einzelnen Chakras. Aus

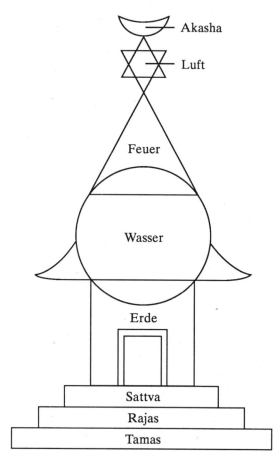

Stupa im Innern des Körpers

allen sechzehn Dimensionen fließt Energie in das fünfte Chakra. Die Erweiterung des Bewußtseins bringt dem Adepten eine Vision von Akasha. Akasha ist seinem Wesen nach Antimaterie. Im fünften Chakra werden alle Elemente der unteren Chakras – Erde, Wasser, Feuer und Luft – in ihre reinste Essenz verfeinert und lösen sich in Akasha auf. Das Vishudha-Chakra ist die Spitze des *Stupa*, oder Tempels, in unserem Körper (Siehe Abbildung).

BIJA-LAUT: «Hang». Die Farbe dieses Bija ist gold. (Mitunter wird er auch als von strahlend weißer Farbe mit vier Armen beschrieben.) Der Laut «Hang» wird erzeugt, indem man mit den Lippen ein Oval formt und die Luft von der Kehle ausstößt. Dabei konzentriert man sich auf den etwas nach innen gewölbten Hohlraum am unteren Hals. Wenn der Laut richtig produziert wird, versetzt er das Gehirn in Schwingungen und bewirkt, daß die zerebrale Rückenmarksflüssigkeit vermehrt in den Hals einfließt und der Stimme einen weichen und melodischen Klang verleiht.

Die gesprochenen Worte kommen aus dem fünften Chakra und geben den Emotionen des Herzens Ausdruck. Die Stimme einer vom fünften Chakra dominierten Person dringt in das Herz des Zuhörers. Dieser reine Klang wirkt auf den Zuhörer, indem er die Dimension seiner Gedanken und seines gesamten Seins verändert.

DER TRÄGER DES BIJA: Der Elefant Gaja, der oberste Gebieter der pflanzenfressenden Tiere. Seine Haut hat die Farbe von rauch-grauen Wolken. Vertrauen, Kenntnis von Natur und Lebensraum und das Klang-Bewußtsein entwickeln sich im Vishudha-Chakra, was hier durch die großen Ohren und den rhythmischen Gang des Elefanten dargestellt wird. Das älteste überlebende Säugetier, der Elefant, trägt in sich das gesamte Wissen über die Vergangenheit der Erde, der Kräuter und Pflanzen. Dieses Tier wurde zum Vorbild für Geduld, Gedächtniskraft, Selbstvertrauen und für die Freude am Einklang mit der Natur.

Der einzelne Rüssel verkörpert den Klang. Die sieben Rüssel des Elefanten des ersten Chakras, Airavata, sind abgefallen. Alles, was übrigbleibt, ist reiner Klang, der Befreiung bringt.

DIE GOTTHEIT: Panchavaktra-Shiva. Panchavaktra hat eine kampferblaue Hautfarbe und fünf Köpfe, die das Spektrum von Geruch, Geschmack, Gesichtssinn, Tastsinn und Klang ebenso wie die Vereinigung aller fünf Elemente in ihren reinsten Formen repräsentierten. Von rechts nach links symbolisieren die Gesichter Shivas seine Aspekte in folgender Reihenfolge:

- *Aghora.* Seine Augen sind von Zorn geweitet, und er wohnt an den Stätten der Leichenverbrennung. Sein Gesicht ist rund, und sein Wesen ist das von Akasha.
- *Ishana.* Er erscheint im Shiva Lingam, hat ebenfalls ein rundes Gesicht, und sein Wesen gleicht dem des Wassers.
- *Mahadeva.* Dieses Gesicht ist in der Mitte und von viereckiger Form. Seine Himmelsrichtung ist der Osten; er hat ein irdisches (erdgebundenes) Wesen.
- *Sada Shiva.* Als «ewiger Shiva» besitzt er ein ovales Gesicht und kann sich derart in alle Himmelsrichtungen ausdehnen; sein Wesen gleicht dem der Luft.
- *Rudra.* Der Herrscher des Südens erscheint mit einem dreieckigen Gesicht; er hat ein feuriges Wesen.

Panchavaktra hat vier Arme. Mit der Geste einer seiner rechten Hände verleiht er Furchtlosigkeit. Mit der anderen rechten Hand, die auf seinem Knie ruht, hält er eine Japa-Mala (ein Rosenkranz aus 108 Perlen zum Rezitieren von Mantras). Eine linke Hand erhebt die Damaru-Trommel, die beständig dröhnt und den Klang «Aum» manifestiert. Die andere linke Hand hält den Dreizack, den Stab Shivas.

Panchavaktra kann im fünften Chakra als der Große Lehrer oder der Meisterguru visualisiert werden. Alle Elemente sind in einer Einheit verschmolzen, und die menschliche Ebene wird in ihrer ganzen Fülle verstanden. Der Mensch erkennt seine Grenzen innerhalb der einzelnen Elemente. Dieses Bewußtsein von immerwährendem, zeitlosem Wissen wird erworben, wenn alle Wünsche sich nach oben ins sechste Chakra bewegen. Konzentriert man sich darauf, alle Elemente des Körpers ins Gleichgewicht zu bringen, erlangt man einen Zustand glücklicher Non-Dualität. Die Meditation auf Panchavaktra führt in höhere Seinsbereiche und reinigt von allen Karmas (Handlungen). Man stirbt geistig für die Vergangenheit und wird in die Verwirklichung der Einheit wiedergeboren.

SHAKTI: Shakini. Shakini ist die Verkörperung der Reinheit. Sie hat eine zartrosa Hautfarbe und trägt einen himmelblauen Sari mit einer grünen

Bluse. Sie sitzt auf einem rosafarbenen Lotos zur Linken ihres fünfköpfigen Gebieters Shiva. Shakini-Shakti verleiht höheres Wissen und Macht (Siddhis). Ihre vier Arme halten die folgenden Gegenstände:

- *Einen Totenschädel*, das Symbol der Befreiung von der illusionären Welt der Sinneswahrnehmungen.
- *Ein Ankusha,* einen Elefantenstab, der dazu dient, Gaja zu kontrollieren. Der Elefant des Intellekts kann übermäßig unabhängig sein und sich in seinem eigenen Rausch des Wissens bewegen.
- *Die Schriften,* die das Wissen um die Kunst der richtigen, unkomplizierten Lebensführung repräsentieren.
- *Die Mala,* eine wirkungsvolle Konzentrationshilfe, denn die Perlen werden eine nach der anderen mit den Fingern berührt. Perlen, die aus Holz oder aus Samenkörnern gefertigt sind, absorbieren und speichern die Energie, die die Person ausstrahlt. Perlen aus Kristallen oder Edelsteinen sind stark mit der ihnen eigenen elektromagnetischen Energie aufgeladen. Die Fingerspitzen haben eine direkte Verbindung mit dem Bewußtsein, und folglich ist die Beschäftigung der Fingerspitzen auch eine Beschäftigung des Bewußtseins. Die Verwendung einer Mala beseitigt Nervosität, bewahrt vor Ablenkungen und bringt den inneren Dialog zum Schweigen.

Gedächtniskraft, Schlagfertigkeit, Intuition und Improvisationsfähigkeit sind Eigenschaften, die mit Shakini-Shakti in Verbindung stehen. Das Zentrum der Träume befindet sich im Körper des fünften Chakras. Die meisten Lehren offenbart Shakini-Shakti ihren Adepten durch Träume.

WIRKUNGEN DER MEDITATION: Die Meditation auf den Hohlraum im Hals verleiht Gelassenheit, Heiterkeit, Reinheit, eine melodische Stimme, die Fähigkeit, die Sprache und Mantras zu beherrschen, Poesie zu komponieren, geisteswissenschaftliche Schriften zu interpretieren und die verborgenen Botschaften der Träume zu verstehen. Auch verleiht sie dem Adepten Jugendlichkeit, Ausstrahlung (Ojas) und und die Fähigkeit, ein guter Lehrer der spirituellen Wissenschaften (Brahma-Vidya) zu werden.

CHARAKTERISTISCHE VERHALTENSWEISEN IM VISHUDDHA-CHAKRA: Wer unter dem Einfluß des Vishuddha-Chakra steht, wird zum

Herr seines Selbst. Hier verschmelzen alle Elemente (Tattvas) zu reinem, selbstleuchtendem Akasha. Nur die Tanmatras bleiben zurück – die subtilen Frequenzen dieser Elemente.

Fünf Arbeitsorgane sind bei der Erschaffung aller Karmas (Handlungen) beteiligt: Hände, Füße, Mund, Geschlechtsorgane und Anus. Außerdem existieren fünf Koshas (Schichten oder Hüllen) des Bewußtseins: die Grobstoffliche, die Aktive, die Sensorische, die Intellektuelle und die Fühlende. Fünf ist die Zahl des Gleichgewichts, die Eins mit zwei Zweien auf beiden Seiten. Als ungerade Zahl ist die Fünf mit den solaren Zahlen verbunden. Jupiter ist der herrschende Planet des Vishuddha-Chakra; Jupiter heißt in Sanskrit «Guru», einer, der Wissen erteilt.

Erde löst sich im Wasser auf und bleibt im zweiten Chakra als die Essenz des Geruchssinns vorhanden. Das Wasser verdampft im feurigen dritten Chakra und bleibt dort als die Essenz des Geschmackssinns. Die Form des Feuers geht in das vierte Chakra ein und verbleibt dort als Essenz der Form und des Vorstellungsvermögens. Die Luft des vierten Chakras geht in Akasha ein und wird zum reinen Klang. Akasha verkörpert die Essenz aller fünf Elemente; es hat weder Farbe, Geruch, Geschmack, noch begreifbare Oberfläche oder Form – es ist frei von allen grobstofflichen Elementen.

Das Vishuddha-Chakra beherrscht das Alter zwischen achtundzwanzig und fünfunddreißig Jahren. Ein Mensch, der vom fünften Chakra motiviert wird, schläft vier bis sechs Stunden täglich, wobei er die Schlafposition mehrmals wechselt.

Die Ablenkungen der Welt, der Sinneswahrnehmungen und des Geistes hören auf, ein Problem zu sein. Höchste Einsicht überwindet die Elemente und die Gefühle des Herzens. Eine Person, die vom fünften Chakra beherrscht wird, sucht ausschließlich nach wahrem, zeitlosem Wissen, unabhängig von kulturellen Bedingungen und Herkunft. Das Hauptproblem im fünften Chakra ist der negative Intellekt; er kann sich in Form von Ignoranz äußern, nämlich dann, wenn Wissen unklug oder falsch angewendet wird.

Das Vishuddha-Chakra umfaßt die fünf Ebenen von 1.) Jnana (Bewußtsein) die Glückseligkeit verleiht; 2.) Prana (die Lebensenergie im gesamten Körper) die auf das Gleichgewicht wirkt; 3.) Apana (die Luft, die den Körper reinigt) und 5.) Jana-Loka (die menschliche Ebene) die lebenswichtig ist, da man hier die Mitteilung göttlicher Weisheit auf einer sechzehndimensionalen Erfahrungsebene empfängt, wodurch sich die wahre Geburt des Menschen vollzieht.

Wer die Ebene des Vishuddha-Chakras erreicht hat, folgt dem Wissen, dem Pfad, der zur wahren Geburt des Menschen in den göttlichen Bereich führt. Alle Elemente werden in ihre verfeinerte Essenz, in ihre reinste Manifestation, verwandelt. Geschieht dies, geht das Sein in reines Bewußtsein ein. Die Person wird *Chitta*, frei von den Fesseln der Welt, zum Meister ihres Selbst. Das Vishuddha-Chakra stellt *Chit* oder kosmisches Bewußtsein dar.

Ajna-Chakra
(Sechstes Chakra)

Bedeutung des Namens: «Autorität, Beherrschung, uneingeschränkte Macht»

Lage im Körper: Zirbeldrüsen Nervengeflecht, der Punkt oberhalb der Nasenwurzel zwischen den Augenbrauen

Bija- (Kern-)Farbe: Gold

Bija- (Blütenblätter-)Klänge: «Hang», «Kshang»

Tattva (Element): Maha-Tattva, in dem alle anderen Tattvas in ihrer seltenen reinen Essenz (Tanmatra) gegenwärtig sind. Gemäß der Samkhya-Philosophie besteht Mahat oder Maha Tattva aus den drei Gunas und schließt Manas (Geist), Buddhi (Intellekt), Ahamkara (Ego, Ichbewußtsein) und Chitta (das Selbst) ein. Aus dem Maha-Tattva entwickeln sich die fünf Manabhutas (die fünf grobstofflichen Elemente Akasha, Luft, Feuer, Wasser und Erde). Gemäß dem Tantra jedoch ist Maha-Tattva dasselbe wie Buddhi-Tattva, der Grund für Manas, Buddhi, Ahamkara und Chitta.

Farbe des Tattva: transparent leuchtend bläulich oder kampferweiß

Herrschender Planet: Saturn

YANTRA-FORM: Weißer Kreis mit zwei leuchtenden Blütenblättern. Diese Blätter sind die Habenulae, zügelähnliche Verbindung zwischen Epiphyse (Zirbeldrüse) und Sehhügel. Ein Lingam erscheint in der Mitte des Kreises.

BIJA-LAUT: «Aum».

DER TRÄGER DES BIJA: Nada, auch unter dem Namen Ardhamatra bekannt.

DIE GOTTHEIT: Ardhanarishvara, die halb männliche, halb weibliche Shiva-Shakti, die für die grundsätzliche Polarität symbolisch ist. Die rechte Seite ist männlich, die linke weiblich. Ardhanarishvara steht in einem Lingam, der als

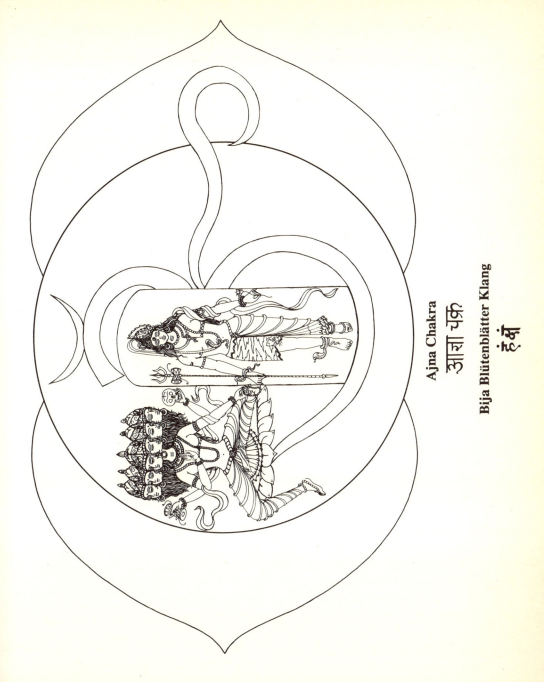

Ajna Chakra आज्ञा चक्र

Bija Blütenblätter Klang हं क्षं

Itara-Lingam bekannt ist. Er ist von leuchtend weißer Farbe, wie das Licht. – Die männliche Hälfte Ardhanarishvaras hat kampferblaue Haut. Er hält einen Dreizack in seiner rechten Hand, der die drei Aspekte des Bewußtseins repräsentiert – Erkenntnis, Wille und Zuneigung.

Die weibliche Seite Ardhanarishvaras ist rosafarben. Sie trägt einen roten Sari, um ihren Hals und ihre Arme sind leuchtend goldene Ornamente gewunden. Sie hält einen rosafarbenen Lotos, das Symbol der Reinheit. Jegliche Dualität hat hier ein Ende. Ardhanarishvara ist das vollkommene Wesen geworden, aus sich selbst heraus strahlend und erhaben.

Auf dieser Ebene der Befreiung, *Moksha,* hat Shiva vollkommene Kontrolle über alle Aspekte des Selbst. Das dritte Auge von Shiva, *Sva-Netra* genannt, ist das Organ der Hellsichtigkeit. Indem Shiva zu Sada-Shiva, dem Ewigen, wird, ist er nicht länger als separates männliches Wesen von Shakti getrennt. Devata-Shiva ist der Gewährer des Wissens. Dieses Wissen bingt den Atem (Prana) und den Geist unter Ardhanarishwaras Kontrolle.

SHAKTI: Hakini. Hakini-Shakti hat vier Arme und sechs Köpfe. Ihre Haut ist zartrosa, ihr Schmuck golden und mit schimmernden Edelsteinen besetzt. Sie trägt einen roten Sari und sitzt auf einem rosa Lotos, den rechten Fuß erhoben. Sie vermittelt das Wissen der bedingungslosen Wahrheit, das Bewußtsein der Non-Dualität.

In ihren Händen trägt sie die folgenden Gegenstände:
- Shivas Damaru-Trommel, die ständig dröhnt und den Adepten auf seinem Weg geleitet.
- Einen Totenschädel, das Symbol der Losgelöstheit (Befreiung).
- Eine Mala für Japa* als Meditationshilfe.
- Die freie rechte Hand ist in der Mudra (Geste) des Gewährens der Furchtlosigkeit erhoben.

WIRKUNGEN DER MEDITATION: Wer über dieses Chakra meditiert, löscht alle seine Sünden oder Unreinheiten aus und tritt durch das siebente Tor, das sich jenseits des Ajna-Chakras befindet. Die Aura einer solchen Person manifestiert sich in der Form, daß alle, die in ihrer Gegenwart sind, ruhig und empfänglich für die verfeinerten Klangfrequenzen von AUM werden, die der Körper der Person aus sich heraus erzeugt. Er ist nun Tattvatita

*Japa = die Wiederholung eines Mantras

– jenseits der Tattvas. Alle Wünsche und Begierden sind im wesentlichen das Spiel der Tattvas; folglich gelangt man über alle Arten von Begierden und Wünsche, die das Leben motivieren und uns in viele Richtungen treiben, hinaus, wenn man das Bewußtsein auf den Punkt oberhalb der Nasenwurzel zwischen die beiden Augenbrauen lenkt. Man ist nun in dem Zustand, in dem der Geist auf einen Punkt gerichtet ist. Man wird Trikaladarsh, der Sehende von Vergangenheit, Gegenwart und Zukunft. Ida und Pingala sind zeitgebunden; auch der Yogi ist bis hinauf zum fünften Chakra zeitgebunden. Da aber Ida und Pingala hier enden, lenkt der Yogi sein Bewußtsein in Sushumna Nadi, der Kalatita ist, jenseits der Zeit. Die Gefahr eines Rückfalles endet hier; es gibt keine spirituelle Umkehr mehr, denn solange er sich im physischen Körper befindet, ist er fortwährend im Zustand non-Dualen Bewußtseins. Er kann willentlich in jeden anderen Körper eintreten. Er ist in der Lage, die innere Bedeutung des kosmischen Wissens zu verstehen und kann Schriften hervorbringen.

Ein Mensch, der sich durch das Ajna-Chakra entwickelt hat, enthüllt das Göttliche in sich und reflektiert das Göttliche in anderen. Im vierten Chakra hat er sich durch Ananda (Glückseligkeit) entwickelt und im fünften durch Chit (kosmisches Bewußtsein). Im Ajna-Chakra wird er *Sat* (Wahrheit). Es gibt nichts mehr zu beobachten und keinen Beobachter. Er gelangt zu der Erkenntnis: «Das bin ich; ich bin das» und verkörpert damit Sat-Chit-Ananda oder «*Sein-Bewußtsein-Glückseligkeit*» (Bewußtsein der Glückseligkeit).
Die Erkenntnis im fünften Chakra ist «SOHAM» («Das bin ich»; sa = «das»; aham = «ich bin»). Im sechsten Chakra kehrt sich die Reihenfolge dieser Silben um zu «HAMSA». Wenn der Yogi auf das Atman, oder das Selbst im «Bindu» (dem «Punkt», der die Unendlichkeit der Silbe AUM darstellt) meditiert, erfährt er dieses Selbst als HAMSA. Im Sanskrit ist Hamsa auch das Wort für den Schwan, der Vogel, der in jene Gegenden fliegen kann, die dem Durchschnittsmenschen unbekannt sind.

CHARAKTERISTISCHE VERHALTENSWEISEN IM AJNA-CHAKRA:
Der Körper der Zirbeldrüse wölbt sich in die dritte Hirnkammer und wird von Rückenmarksflüssigkeit umgeben. Diese klare wässrige Flüssigkeit fließt aus dem Soma-Chakra (dem Mond-Chakra), das oberhalb des Ajna liegt. Sie bewegt sich durch die Hohlräume (Ventrikel) im Gehirn und abwärts durch die Wirbelsäule zu deren Basis. Die Zirbeldrüse hilft, den Fluß der Rückenmarksflüssigkeit harmonisch zu regulieren. Die Drüse selbst reagiert

sehr empfindlich auf Licht. Wenn eine Person ins Ajna-Chakra vordringt, bildet das Licht um seinen Kopf eine Aura.

Da der Yogi in diesem Zustand den Atem und den Geist unter Kontrolle bringt, hält er während all seiner Handlungen den Zustand des Samadhi (der verwirklichten Non-Dualität) fortwährend aufrecht. Was immer er sich wünscht, wird Wirklichkeit, wie auch die Fähigkeit, Vergangenheit, Gegenwart und Zukunft zu sehen.

Ida (die lunare Strömung), Pingala (die solare Strömung) und Sushumna (die mittlere neutrale Strömung) treffen sich im Ajna Chakra. Diese drei «Flüsse» münden in Triveni, dem Hauptsitz des Bewußtseins.

Das sechste Chakra umfaßt die Ebenen des Gewissens (Viveka), der Neutralität (Sarasvati), die solare Ebene (Yamuna), die lunare Ebene (Ganga), die Ebenen der Strenge (Tapas), Gewalt (Himsa), die irdische Ebene (Prithvi), die Ebene des Flüssigen (Jala) und die Ebene der spirituellen Hingabe (Bhakti).

Das dritte Auge ist das Gewissen. Die beiden physischen Augen sehen Vergangenheit und Gegenwart, während das dritte Auge Einsicht in die Zukunft gewährt. Alle Erfahrungen und Ahnungen dienen nur dazu, die Wahrnehmung im Ajna-Chakra zu klären. Die Ebene der Neutralität (Sarasvati) zeigt sich in Form eines Gleichgewichts zwischen den solaren und lunaren Energien im Körper. Das Negative und das Positive, die beiden Komponenten der Dualität, werden in Sarasvati ausgeglichen und hinterlassen einen Zustand reinster Musik und Neutralität. Die solaren und lunaren Nervenenergien (Yamuna und Ganga), die durch alle Chakras miteinander verwoben sind, treffen sich mit Sarasvati und vereinigen sich im Ajna-Chakra. Dies führt zu der Empfindung des Einsseins und der Einheit mit den kosmischen Gesetzen, die auf der Ebene der Strenge erscheinen. Der Mensch erkennt, daß er unsterblicher Geist in einem vergänglichen Körper ist. Die lunare Ebene der Flüssigkeit kühlt jegliche übermäßige Hitze, die durch den Zuwachs an Energie erzeugt wird, und reinigt das Gewissen. Bhakti-Loka, die Ebene der spirituellen Hingabe, bewahrt im Yogi das richtige Gleichgewicht.

Im Ajna-Chakra wird der Yogi selbst eine Offenbarung des Göttlichen. Er verkörpert alle Elemente in ihrer reinsten Form oder Essenz. Alle äußeren und inneren Veränderungen hören auf, ein Problem zu sein. Der Geist erreicht einen Zustand undifferenzierten kosmischen Bewußtseins. Jegliche Dualität hat ein Ende.

Soma-Chakra

Bedeutung des Namens: «Nektar, der Mond»

Lage im Körper: Eines der kleineren Chakras innerhalb des siebenten Chakras. Soma befindet sich oberhalb des dritten Auges in der Mitte der Stirn.

Herrschender Planet: Rahu

YANTRA-FORM: Ein silberner Halbmond in einem Lotos von leicht bläulich schimmerndem Weiß. Das Soma-Chakra ist auch als Amrita-Chakra bekannt. Soma bedeutet – genau wie Amrita *Nektar*. Es ist ein Chakra mit einem Lotos aus zwölf Blütenblättern (einige Schriften verweisen auf sechzehn), in dessen Mitte der Halbmond ruht, die Quelle des Nektars.

Dieser Nektar kommt zum Mond von Kamadhenu, der Kuh, die alle Wünsche erfüllt. Er läuft fortwährend aus dem *Nirjhara-Gupha*, oder *Bhramara-Gupha*, dem Hohlraum zwischen den beiden Hemisphären, heraus.

Drei Nadis, Ambika, Lambika und Talika sind, zusammen mit Kamadhenu, die vier Quellen des Nektars. Dieser Nektar fließt natürlicherweise abwärts. Wenn er das Manipura-Chakra erreicht, wird er von der solaren Energie im Solarplexus verbrannt. Durch die Praxis der Khechari-Mudra können die Yogis den Abwärtsfluß des Nektars verhindern, und sich an den feinstofflichen Klängen des Nadas erfreuen, während sie über den achtblättrigen Lotos des Kameshvara-Chakras (eines weiteren kleinen Chakras innerhalb des siebenten Chakras) meditieren. Hier bilden die drei Nadis Vama, Jyeshtha und Raudri das A-KA-THA-Dreieck, das jedem Yogi wohlbekannt ist. In diesem Dreieck sitzen Kameshvari und Kameshvara in immerwährender Einheit, bedeckt mit bläulich-weißen Lotosblütenblättern.

Das A-KA-THA-Dreieck: Diese Form enthält eine Verbindung von drei Energien: Brahmi ist die Energie des Schöpfers Brahma, Vaishnavi die Energie des Erhalters Vishnu und Maheshvari die Energie des Zerstörers Maheshvara, des höchsten Gottes, Shiva selbst. Diese drei Shaktis fließen durch die drei Nadis Vama, Jyeshtha und Raudri, die das A-KA-THA-Dreieck bilden. Das gleiche Dreieck, aus den drei gleichen Nadis gebildet, befindet sich im Muladhara-Chakra, wo Shiva in der Form des Svayambhu-Lingam auftaucht

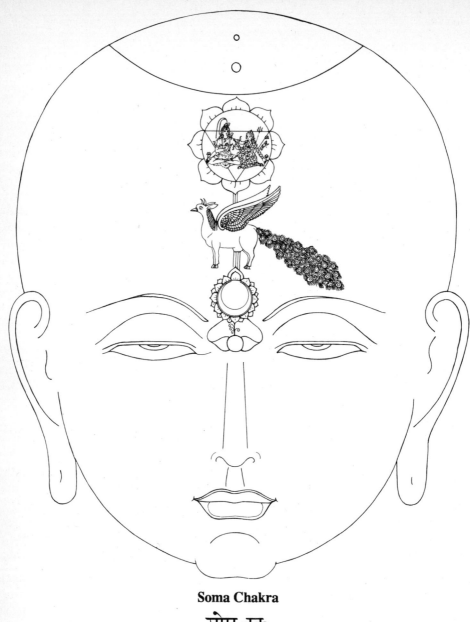

Soma Chakra

सोम चक्र

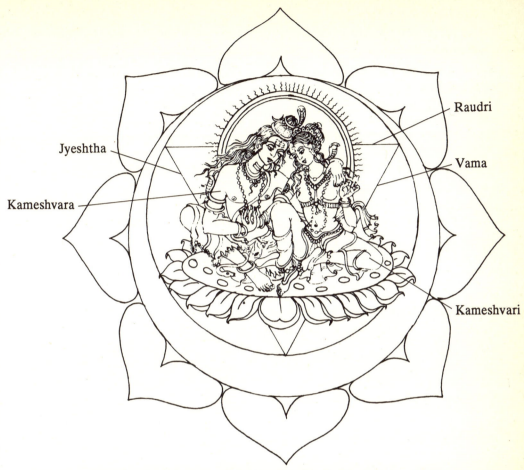

Kameshvara und Kameshvari im A-KA-THA-Dreieck

BEWUSSTSEINSASPEKTE					
Vama	Wille (Iccha)	fühlen	subtiler Klang (Pashyanti)	Schöpfung	Brahmi
Jyeshtha	Wissen (Jnana)	wissen	indirekter Klang (Madhyama)	Erhaltung	Vaishnavi
Raudri	Tat (Kriya)	tun	artikulierter Klang (Vaikhari)	Auflösung	Maheshvari

und Shakti sich in Form einer Schlange, um diesen Lingam windet. Die Vama, Jyeshtha und Raudri Nadis entsprechen Brahmi, Vaishnavi und Maheshvari. Diese Energien bilden die drei Aspekte des Bewußtseins: das Wissen, das Fühlen und das Tun, aus denen das *Summum Bonum* des menschlichen Lebens hervorgeht: die Wahrheit, die Schönheit und das Gute. Die Erkenntnis der Wahrheit (Satyam), Schönheit (Sundaram) und des Guten (Shivam) in allen Ausdrucksformen ist das höchste Ziel des Lebens, und die Verinnerlichung dieser Erkenntnis ist höchste Selbstverwirklichung.

DIE GOTTHEITEN: Kameshvara und Kameshvari. Kameshvara ist der Gott Shiva selbst. Er ist der Herrscher über das Prinzip des Verlangens (Kama = Verlangen, Ishvara = Herrscher). Er ist derjenige, der über dem berühmten tantrischen A-KA-THA-Dreieck sitzt und den Devi (Adya, Kundalini, Kula, Tripura Sundari, Tripura und Kameshvari) gerne treffen möchte. Kameshvari befindet sich im Muladhara als schlafende Energie. Sie eilt durch den engen Kanal des Brahma-Nadi, um ihren Herrn, Kameshvara, zu treffen. Dabei bewegt sie sich in einer der fünf Bewegungsarten. Während sie die Blütenblätter aller Lotosblumen in den verschiedenen Chakras umdreht, erreicht sie das höchste Chakra, um ihn zu treffen. Kameshvara wird als die schönste der männlichen Formen beschrieben. Er sitzt wie ein Yogi, jedoch in ewiger Umarmung mit seiner Geliebten Tripura Sundari, die identisch ist mit Kameshvari, der schönsten Frau in den drei Welten (*tri* = drei, *pura* = Ebenen, Welten, *sundari* = schön). Kameshvara wird wegen seiner Fähigkeit, die Essenz der Samenflüssigkeit nach oben, durch Sushumna Nadi zu ziehen, auch Urdhvareta (*urdhva* = aufwärts, *reta* = strömen, fließen) genannt; er ist der Herr des Wissens um die Aufwärtsbewegung der Energie. Vamachara (linkshändiges) Tantra liefert eine vollständige Beschreibung dieses Prozesses der Aufwärtsbewegung und behauptet, daß A-KA-THA der Ort ist, in den der Samen gebracht werden muß. Hier vereinigt sich der körperliche männliche Same (Bindu) mit der lunaren weiblichen Energie, und die innere und äußere Vereinigung wird zum Tantra (erweiterten Bewußtsein), da dies eine Verbindung von Bhoga und Yoga ist, das heißt, von Genuß und Leidenschaftslosigkeit. Kameshvara gewährt die Fähigkeit, die Bewegungsenergie nach oben zu lenken und den Samen zurückzuhalten. Die Meditation über Kameshvara bewirkt, daß das Ego abnimmt und der Yogi, der im Soma-Chakra sitzt, sich des Brahmananda (der Glückseligkeit des Brahman) oder höchsten Selbst erfreut. Kameshvari ist nun friedlich vereinigt mit ihrem

Geliebten. Sie ist nicht mehr die wütende feuerspeiende Schlange, die sie war, als sie plötzlich aus ihrem Schlaf gerissen wurde.

WIRKUNGEN DER MEDITATION: Wer über dieses Chakra meditiert und das Abwärtsfließen des Amritas oder Nektars verhindern kann, indem er Khechari-Mudra (*khe* = der Äther, *chari* = bewegen) ausübt, wird in seinem physischen Körper unsterblich. Er ist in der Lage, den Prozeß des Alterns aufzuhalten und bleibt daher immer jung und voller Vitalität und Lebenskraft. Er besiegt Krankheit, Verfall und Tod und genießt andauernde Glückseligkeit durch die Vereinigung von Shiva und Shakti, dem eigentlichen Ziel des Kundalini-Yoga. Khechari-Mudra verstärkt den Aufwärtsfluß der Energie, und der Yogi ist in der Lage im Gagana-Mandala oder Shunya-Mandala, «in der Leere», dem Hohlraum zwischen den beiden Hemisphären des Gehirns, der das zehnte Tor des Körpers ist, zu verweilen. Dieser Hohlraum liegt innerhalb des Sahasrara, des siebten Chakras. Das Soma-Chakra liegt oberhalb des Ajna-Chakras und unterhalb des Kameshvari-Chakras. Das Soma-Chakra befindet sich in der Mitte der Stirn und ist der Sitz des Soma (Mond), des Amrita (Nektar) und der Kamadhenu. Die Farbe der Kamadhenu ist weiß, ihr Gesicht ist das einer Krähe, ihre Stirn ist Ahamkara (Ego), und ihre Augen sind menschlich, vom brahmanischem Wesen. Sie hat die Hörner einer Kuh, den Hals eines Pferdes, den Schweif eines Pfaues und die Flügel eines weißen Schwanes (Hamsa).

Sahasrara-Chakra
(Siebentes Chakra)

Bedeutung des Namens: «tausendblättriger Lotos», wird ebenfalls Shunya-Chakra (leer, frei), Niralambapuri-Chakra (Wohnstatt ohne Stütze) genannt.

Lage im Körper: Der Scheitelpunkt des Schädels; Schädel-Nervengeflecht. Das Soma-Chakra und das Kameshvara-Chakra sind in diesem Gebiet mit eingeschlossen.

Bija- (Kern-)Farbe: Gold

Bija- (Blütenblätter-)Klänge: Alle reinen Klänge von «Ah» bis «Ksha», einschließlich alle Vokale und Konsonanten aus dem Sanskrit. Sie werden nach einem bestimmten System auf die Blütenblätter geschrieben.

Loka (Ebene): Satyam-Loka, die Ebene der Wahrheit und der Wirklichkeit

Herrschender Planet: Ketu

YANTRA-FORM: Der Kreis als Vollmond. In einigen Schriften ist das Yantra als Purna-Chandra (Vollmond) erwähnt, in anderen ist es Nirakara (formlos). Über dem Rund befindet sich ein Schirm aus tausend Lotosblättern, die im Spektrum der Regenbogenfarben angeordnet sind.

BIJA-LAUT: Visarga (ein bestimmter Atemlaut in Sanskritsprache).

DER TRÄGER DES BIJA: Bindu, der Punkt über dem Halbmond.
Die Bewegung des Bija: Gleich der Bewegung des Bindu

SHAKTI: Chaitanya. Einige Schriften verweisen auf Paramatana, andere auf Mahashakti.

IM SAHASRARA-CHAKRA ENTHALTENE EBENEN: Der Yogi, dessen Bewußtsein in das siebte Chakra vorgedrungen ist, verwirklicht folgende Ebenen:

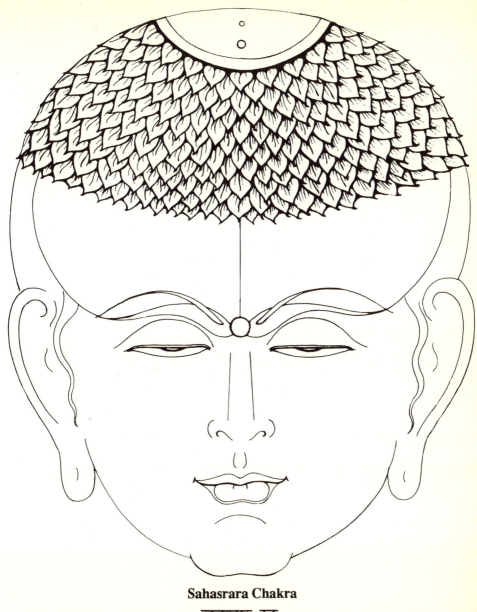

Sahasrara Chakra
सहस्रार चक्र

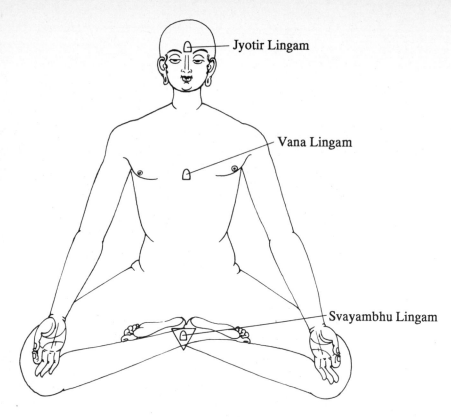

Lingams im Körper

- *Die Ebene der Strahlung* (Tejas Loka). Tejas ist das Licht, Feuer oder das Augenlicht in seiner feinsten Essenz. Der Yogi beginnt zu leuchten wie die Sonne. Seine Aura aus Licht strahlt beständig.
- *Die Ebene der primären Schwingungen* (Om Kara). «Aum» (oder «Om») ist der erste Laut, der sich endlos fortsetzt. Hier manifestiert sich die Frequenz des «Aum» im Yogi.
- *Die gasförmige Ebene* (Vayu Loka). Der Yogi erlangt Macht über Prana, das so subtil (Sukshma) wird, daß man sagt, daß das gesamte Prana im Körper auf Daumengröße (Angushtha Matra) schrumpft. Würde man dem Yogi ein Stück Glas vor die Nase halten, würde sich kein Niederschlag auf ihm bilden.
- *Die Ebene des positiven Intellekts* (Subuddhi Loka). Alle Werturteile

oder dualistischen Wahrnehmungen müssen ausgeglichen sein, sonst erhebt sich im Geist der negative Intellekt (Durbuddhi), die Verneinung des Göttlichen.
- *Die Ebene des Glückes* (Sukha Loka) entsteht, wenn in Körper, Geist und Seele Harmonie herrscht.
- *Die Ebene der Trägheit* (Tama Loka) kann auftreten, wenn der Yogi einen Glückszustand nur erreicht, um nicht mehr aktiv sein zu müssen. Begibt er sich in den Zustand des Samadhi, wird sein physischer Körper völlig inaktiv.

DIE WIRKUNGEN DER MEDITATION: Innerhalb des Sahasrara-Chakra wird Unsterblichkeit erlangt. Bevor der Yogi in dieses Chakra aufsteigt, ist er nicht in der Lage, den Zustand des bewußtlosen Bewußtseins zu erreichen, den man Asama-Prajnata-Samadhi nennt. In diesem Zustand gibt es keine Aktivität des Geistes, keinen Wissenden, kein Wissen und nichts, das gewußt werden kann: Wissen, Wissender und Gewußtes werden alle vereint und befreit.

Samadhi ist die reine Glückseligkeit totaler Inaktivität. Bis zum sechsten Chakra kann sich der Yogi in einen Zustand der Trance begeben, in dem Aktivität oder Form noch stets im Bewußtsein bleiben. Im Sahasrara-Chakra bewegt sich das Prana aufwärts und erreicht den höchsten Punkt. Der Geist etabliert sich in der reinen Leere des Shunya-Mandala, dem Raum zwischen den beiden Gehirn-Hemisphären. Dann lösen sich alle Gefühle, Emotionen und Wünsche, die allesamt Aktivitäten des Geistes sind, in ihren Urgrund auf. Die Einheit ist erreicht. Der Yogi ist Sat-Chit-Ananda, Wahrheit-Wesenheit-Glückseligkeit. Er ist sein eigenes wahres Selbst. Und solange er in seinem physischen Körper bleibt, behält er sein non-Duales Bewußtsein und genießt das Lila-Spiel, ohne sich durch Freude und Schmerz, Ehre und Erniedrigung gestört zu fühlen.

Wenn Kundalini bis ins Sahasrara-Chakra aufgestiegen ist, verschwindet die Illusion des «individuellen Selbst». Der Yogi verwirklicht sich selbst und wird eins mit den kosmischen Prinzipien, die das gesamte Universum seines Körpers regieren. Er erhält alle Siddhis (übernatürlichen Kräfte) bis zum Soma-Chakra, wo er Kamadhenu begegnet, die alle Wünsche erfüllende Kuh, die in ihm selbst ist. Er ist ein Siddha, aber er hat das Bedürfnis überwunden, diese Wünsche zu manifestieren.

Gemäß der Shastras ist Sahasrara der Sitz der selbsterleuchteten Seele, oder Chitta, der Essenz des Seins. Hier ist Chitta wie eine Leinwand, auf der die Reflektion des kosmischen Selbst sichtbar wird, und durch Chitta spiegelt sich das Göttliche wider. In Gegenwart des kosmischen Selbst ist es jedem möglich, das Göttliche zu empfinden und es tatsächlich in sich selbst zu verwirklichen.

Laute der Chakras

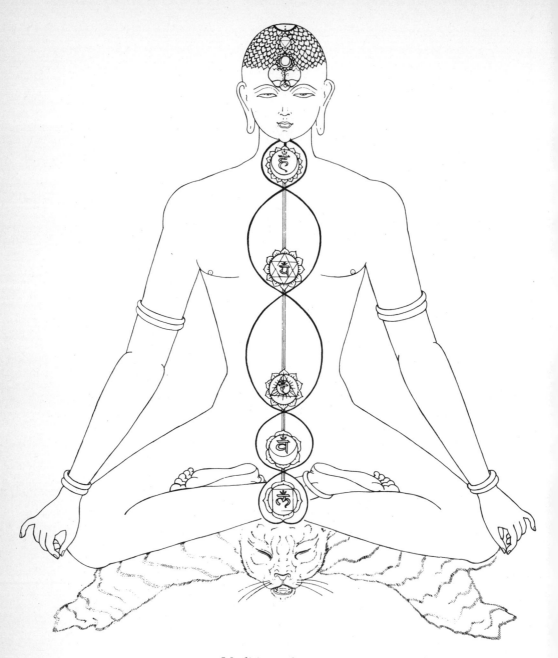

Meditierender Yogi

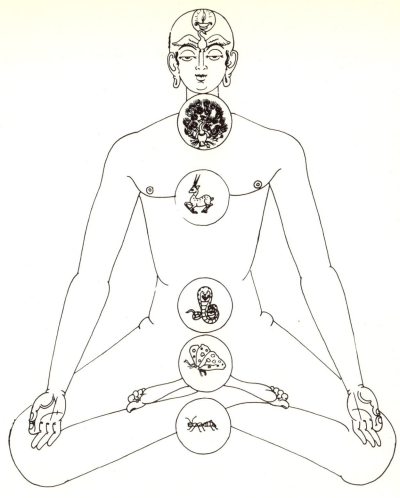

Charakteristische Verhaltensweisen in Tierform dargestellt

Erstes Chakra – verhält sich wie eine Ameise
Zweites Chakra – verhält sich wie ein Schmetterling
Drittes Chakra – verhält sich wie eine Kobraschlange
Viertes Chakra – verhält sich wie ein Reh, das vor einem Trugbild davonrennt
Fünftes Chakra – verhält sich wie ein Pfau
Sechstes Chakra – verhält sich wie ein Schwan (Hamsa)
Siebentes Chakra – reine Erleuchtung

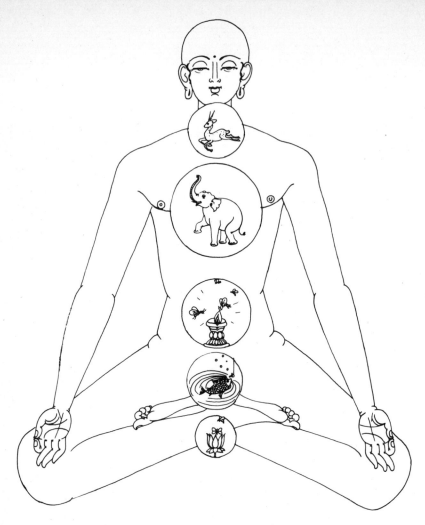

Die fünf Elemente und die Tiere, die für sie sterben.*
1. Erde – die Hummel stirbt für den Geruch
2. Wasser – der Fisch stirbt für den Geschmack
3. Feuer – die Motte stirbt für die Sicht
4. Luft – der Elephant stirbt für das Gespür (Empfindung)
5. Akasha – das Reh stirbt für den Klang

*Aus dem *Vivekachudamani* des Shankaracharya

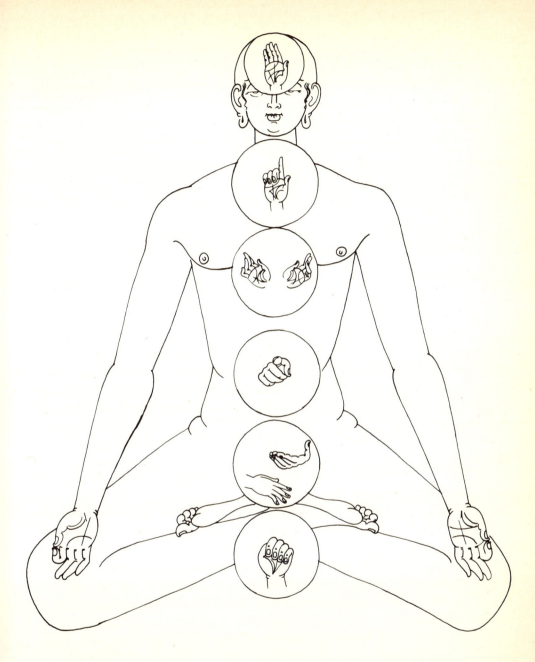

Handhaltungen (Mudras), die typisch sind für die verschiedenen Chakras

Chakras, Wiedergeburt und Spiritualität 4

Spiritualität ist das Erwachen des Göttlichen im Bewußtsein. Sie ist das Summum Bonum des Bewußtseins in menschlicher Verkörperung und befreit das Bewußtsein von der Körper-Geist-Falle. Diese Freiheit wird durch den allmählichen Transformationsprozeß des sinnlichen Bewußtseins (Geist) erreicht.

Es ist das sinnliche Bewußtsein, das die Welt wahrnimmt, und das ständig auf unkontrollierte Weise Gedanken produziert. Es wünscht, empfindet Freude und Schmerz, es denkt und hat einen Willen – und manchmal lebt sein vergnügungssuchender Aspekt regelrechte Exzesse aus.

Man mag ein großer Denker sein, ein Wissenschaftler, ein Künstler oder Erzieher, ohne das sinnliche Bewußtsein transformiert zu haben. Lebt man aber nur einen Aspekt seines Seins aus – und zwar den, der durch das «Ich bin» repräsentiert wird und von der sinnlichen Welt umgeben wird – bleibt man auf der Stufe der sinnlichen Befriedigungen stehen und bewegt sich ziellos mit Lust und Gier im Ozean des Samsara (Geburt und Tod). Wenn man das sinnliche Bewußtsein transformiert, ist es möglich, sich von der Sklaverei des Verstandes, von Lust, Gier, unkontrollierten Gedanken und dem inneren Dialog zu befreien. Durch die Transformation des sinnlichen Bewußtseins kann man einen anderen Aspekt seines Sein erfahren, indem der Geist gleichgültig gegenüber der Welt der Sinne ist und weder denkt, noch wünscht oder begehrt. Unter diesem Aspekt verschmilzt das «Ich» oder individuelle Bewußtsein mit dem höchsten Bewußtsein und entfernt sich aus dem Zyklus von Geburt und Tod.

Das «Ich»-Bewußtsein verleitet den Geist, sich ständig Vergnügungen zu suchen. Diese Vergnügungen sind es wiederum, die im Geist eine Vorliebe für das sinnliche Bewußtsein erzeugen. Der Geist wandert dann umher und

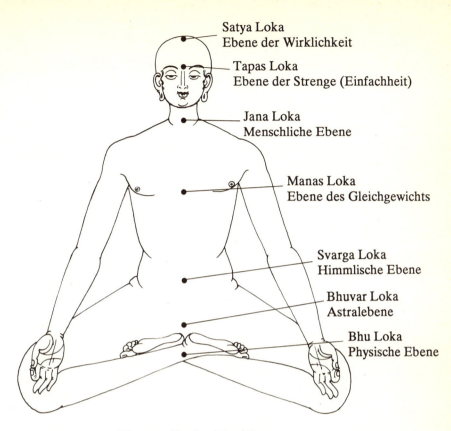

Ebenen (Lokas) im Körper

verliert seine Mitte. Der nicht zentrierte Geist wird dann von den Objekten der sinnlichen Welt (die das Spiel der Elemente und Gunas sind gefangengenommen. Ein unreiner Geist oder nicht zentrierter Geist, der durch Begierden befangen ist, führt zu Unfreiheit. Solange nicht durch beständige Übung der Konzentration, unterstützt durch ein Mantra, die Reinheit des Geistes erreicht wird, bleibt das «Ich»-Bewußtsein bestehen – sogar nachdem es den Körper verlassen hat. Es hält sich dann auf verschiedenen Ebenen (Lokas) auf. Diese Ebenen oder Lokas sind durch die Chakras direkt mit dem menschlichen Körper verbunden (siehe Abbildung).

Die ersten fünf Chakras sind mit den fünf Elementen verbunden, und die Lokas, die mit den Chakras in Verbindung stehen, haben ebenfalls eine

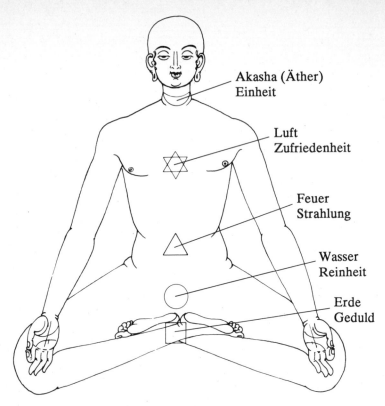

Elemente im Körper

Beziehung zu diesen fünf Elementen (siehe Abbildung). Alle mentalen und physiologischen Aktivitäten, alle Bedürfnisse und Wünsche haben eine Verbindung mit diesen fünf Elementen. Da diese Elemente in einer festgelegten Reihenfolge im Atem auftauchen und vorherrschen, wenn dieser durch das eine oder andere Nasenloch fließt, erfährt das sinnliche Bewußtsein einen ständigen Wandel. Die Elemente – Erde, Wasser, Feuer, Luft und Akasha – sind Verursacher des primären Trägheitsprinzips des Bewußtseins. Sie gehören zu dem Materiefeld, das Metamaterie und Materie hervorbringt, und sie bilden ein Energiekontinuum, das von der feinstofflichsten bis zur dichtesten Schwingungsebene reicht.

Wenn wir vom Erdelement sprechen, meinen wir nicht den Planeten Erde, vielmehr dominiert das Erdelement im Planeten Erde. Dieser Planet ist unter dem Namen Bhu Loka bekannt. Bhu Loka wird mit dem Muladhara-Chakra assoziiert. Knochen, Fleisch, Haut, Nadis und die Haare des Körpers bestehen aus dem Erdelement. Geduld und Gier sind Eigenschaften, die dem Erdelement zugeordnet werden; das Grundbedürfnis hier ist das Überleben. Sammeln und Bewahren sind Aktivitäten die im Vordergrund stehen, wenn dieses Element dominiert. Sein Wesen ist Stabilität. In jedem 60-minütigen Atemzyklus (wenn der Atem durch das rechte oder linke Nasenloch fließt) dominiert dieses Element zwanzig Minuten lang, und damit die Bedürfnisse und Aktivitäten, das Wesen und die Eigenschaften, die mit dem Erdelement in Verbindung stehen. Wenn das Bedürfnis nach Sicherheit und Überleben nicht erfüllt wurde, bleibt der Geist nach dem Tod auf der Bhu Loka Ebene und wird immer wieder als normales menschliches Wesen geboren.

Samen, Blut, Fett, Urin und Schleim (Speichel und Lymphflüssigkeit) des Körpers werden dem Wasserelement zugeordnet. Reinheit und Anhänglichkeit sind seine Eigenschaften, Zusammensein mit Menschen (Familie) ist ein Grundbedürfnis dieses Elements, friedliche Arbeiten sind seine bevorzugten Aktivitäten, es ist von kühler Natur. In jedem 60-minütigen Atemzyklus dominiert dieses Element sechzehn Minuten lang. Werden die Bedürfnisse des zweiten Chakras nicht erfüllt, bleibt der Geist nach Tod des Körpers auf der Bhuvar Loka (Astralebene). Nach einiger Zeit des Aufenthalts in Bhuvar Loka wird er auf der Erde wiedergeboren, um sein Bedürfnis auszuleben – zum Beispiel als Künstler, Musiker, Tänzer oder Dichter.

Hunger, Durst, Schlaf, Lethargie und Glanz (Ojas, Strahlkraft) haben eine Beziehung zum Feuerelement. Zorn ist seine Eigenschaft. Eine Person, in der das Feuerelement dominiert, ist von Natur aus heißblütig und von dem Bedürfnis nach Leistung beherrscht. Schwere Arbeit ist die Aktivität dieses Elements. In jedem Atemzyklus von sechzig Minuten dominiert dieses Element zwölf Minuten lang. Wenn das Bedürfnis nach Leistung, Ruhm, Unsterblichkeit, und Macht im dritten Chakra nicht erfüllt worden ist, bleibt der Geist nach dem Tode des Körpers, sofern er gute Karmas (Taten) vollbracht hat, auf der Svara Loka (himmlischen Ebene). Nachdem die Zeit des Aufenthaltes in Svara Loka vorüber ist, wird er auf Erden zum Beispiel als König oder hoher Verwaltungsbeamter wiedergeboren, damit er seine Bedürfnisse erfüllen kann.

Rennen, Jagen, Kraftanwendung sowie das Zusammenziehen (Kontraktion) und das Wachstum des Körpers (Expansion) haben eine Verbindung zum Luftelement. Es erzeugt Ruhelosigkeit, Aktivität, Bewegung und das

Bedürfnis, tätig zu sein. Luft ist verantwortlich für alle Arten von Bewegung innerhalb und außerhalb des Körpers, sei es für die Durchblutung oder die Verteilung der Körpersäfte, der Lymphe oder der Weiterleitung neuromotorischer Signale innerhalb des Nervensystems. Luft ist Prana, Energie in Form von Lebenskraft, die uns zu lebendigen und bewußten Wesen macht. In jedem Atemzyklus von sechzig Minuten dominiert das Element Luft acht Minuten lang. Wenn die Bedürfnisse des vierten Chakras im Leben nicht erfüllt werden, bleibt der Spirit nach dem Tode im Maha Loka, dank der guten Karmas (der Liebe, des Teilens, der Hingabe, des selbstlosen Dienens und des Mitgefühls) die er im Leben vollbracht hat. Nach der Maha Loka (Ebene des Gleichgewichtes) wird er auf Erden wiedergeboren als Reformer, als Heiliger, als spiritueller Verehrer, Heiler oder als spiritueller Künstler.

Liebe, Feindschaft, Schüchternheit, Angst und Verhaftetsein gehören zum Akashaelement. Seine Eigenschaft ist das Ego oder die Ichbezogenheit, sein Wesen ist die Leere, sein Bedürfnis ist die Einsamkeit und seine Aktivitäten sind Gedanken und Ideen. In jedem Atemzyklus von sechzig Minuten dominiert dieses Element vier Minuten lang. Während der letzten zehn Atemzüge ist Sushumna aktiv, danach wechselt der Atemfluß zum anderen Nasenloch. Wenn die Bedürfnisse des fünften Chakras nicht in diesem Leben erfüllt werden, bleibt der Geist nach dem Tode für eine Zeit auf der Jana Loka (menschlichen Ebene), die er sich durch gute Karmas im Leben erworben hat. Nach der Jana Loka wird er auf der Erde wiedergeboren, als Lehrer, Weiser oder Schriftgelehrter.

Wenn man durch die Ausübung einer der verschiedenen Yogadisziplinen über den Einflußbereich der Elemente hinausgeht, erreicht man Tapas Loka und übt Tapas (Strenge, Enthaltsamkeit) aus, reinigt den Geist und erfährt durch die Transformation des sinnlichen Bewußtseins einen anderen Aspekt des Seins. Man wird frei von Habsucht, sauber, zufrieden und ein neutraler Beobachter des Lebens und seines Psychodramas. Mitgefühl, Ehrlichkeit, Vergebung und Charakterstärke bereichern das Leben des Menschen und er erlebt eine großartige innere göttliche Kraft, die die Bürden des Körperbewußtseins von ihm nimmt. Er erreicht vollständige Herrschaft über seinen Atem und den Verstand, doch kann er nochmal wiedergeboren werden, wenn die Aufgabe der Selbstverwirklichung – die Verschmelzung des Ichs oder individuellen Bewußtseins, mit dem höchsten Bewußtsein – nicht erfüllt worden ist. Dann wird der Mensch, der diese Stufe bereits erreicht hatte als Asket, als Yogi, als Avatar, als Bodhisattva oder als Prophet wiedergeboren.

Er hat den Einflußbereich der Elemente zwar überwunden, muß aber noch den Einflußbereich der Gunas überschreiten, was nur durch die Übungen zur Erweckung der Kundalini möglich ist.

Kundalini ist die spirituelle Energie, die schlafend im Muladhara-Chakra liegt. Der Körper kann ohne die Erweckung der spirituellen Energie mit seiner chemischen, mechanischen und elektrischen Energie funktionieren, und der Geist als Sinnesbewußtsein, doch werden die konkreten Bilder das Bewußtsein stets an sich binden, und die Ichbezogenheit wird uns wieder in den Zyklus von Leben und Tod zurückbringen. Alle Wesen sind dem Gesetz des Karma (der Taten, Handlungen) unterworfen. Gute Karmas führen zu guten Lokas und schlechte zu den Unterwelten oder Narakas. Die Unterwelten stehen mit den sieben Chakras unterhalb des Muladhara in Verbindung, die nicht in diesem Buch besprochen werden. Kundalini ist die Energie, die das Leben und das Bewußtsein unterstützt, während sie zusammengerollt bleibt, erwacht sie jedoch, führt sie zu vergeistigtem Überbewußtsein. Der sinnliche Geist wird in reinen Geist transformiert, und wird vom Strom des Bewußtseins, der in Form der Kundalini-Shakti fließt, aufgenommen. Der Geist überwindet alle Widersprüche und verwirklicht das reine Sein, das Unwandelbare und die einzige Wahrheit, in Form des Nirvikalpa Samadhi.

Nach Erreichen des Sahasrara-Chakras und der Vereinigung mit ihrem Gegenstück, Shiva, verweilt Kundalini für eine Weile in der Vereinigung; dann steigt sie wieder in das Muladhara-Chakra hinab und rollt sich zusammen. Während dieses Abstieges wird der Herrschaftsbereich der Chakras und der ihnen innewohnenden Gottheiten wiederhergstellt. Man lebt nun in einem erweiterten Bewußtseinszustand. Man lebt im Körper, um seine Karmas zu Ende zu führen, aber als eine verwandelte Person – und erreicht, beim Verlassen des Körpers, Nirvana.

Der Körper, der auf diese Weise durch Yoga gereinigt wurde, zerfällt oder zersetzt sich nicht so leicht wie der Körper eines Menschen, der an der materiellen Welt und dem Verlangen nach weltlichen Freuden hängt.

Anhang
Auszüge aus den Hindu-Schriften über die verschiedenen Stufen des Yoga

Yoga

Der Zustand der wirklichen Versenkung des Bewußtseins, der alles Wissen überschreitet, ist Yoga.

(Akshyopanishad 2.3)

Yoga führt zu einem Zustand tiefer Konzentration.

(Shardatilaka 25.1)

Ein Yogi erreicht Yoga nur in einem Zustand höchster Konzentration.

(Rudrayamalatantra, Teil 2, 27.43)

Durch die Entwicklung von Gleichmut im Geist und die Überwindung aller Widersprüche der Welt und des Körperbewußtseins erlangt man die Fähigkeit, das Eine zu erkennen, das reines Sein ist, unwandelbar, jenseits von Verstand und Sprache, die einzige Wahrheit in der vergänglichen Welt der Gedanken-Macht-Materie. Dieses Brahman ist im Yoga direkt verwirklicht, in Form des Nirvikalpa-Samadhi.

(Mahanirvanatantra 3, 7–8)

Yoga ist die Beherrschung der *Vrittis* (geistigen Veränderungen).

(Shandilyopanishad 1.7.24)

Asana *(Körperhaltung)*

Der Körper sollte dazu erzogen werden, im Zustand der Bewegungslosigkeit für längere Zeit zu verharren, ohne Unbequemlichkeit oder Schmerz zu verspüren.

(Nadabindu Upanishad 3.3.1)

Im Samadhi stellen alle Sinne ihre Tätigkeiten ein, und der Körper verbleibt bewegungslos wie ein Stück Holz.

(Nadabindu Upanishad 3.3.2)

Wer seine Körperhaltung beherrscht, wird die drei Welten besiegen.

(Trishikhibrahmanopanishad, Mantra Kapitel 52)

Zur Reinigung des Körpers und für die erfolgreiche Durchführung von Yoga ist die Körperhaltung eine unerläßliche Voraussetzung.

(Rudrayamalatantra, Teil 2.24, 38–39)

Körperhaltung hilft, den Geist zu beruhigen.

(Tantrarajatantra 27, 59)

Durch das Praktizieren der Körperhaltungen wird der Körper gesund, kräftig und leistungsfähig.

(Grahayamala, Kapitel 2, S. 85)

Körperliche Bewegungen (Mudras) allein sind nicht hilfreich, noch bringt Konzentration allein den Erfolg. Wer Konzentration mit Körperkontrolle vereinigt, hat Erfolg und wird unsterblich.

(Ishopanishad 9 und 11)

Der Yogi sollte seinen Körper wie das untere Stück Holz gebrauchen und das Pranava («Aum») wie das obere; dann sollte er sie aneinander reiben, bis er das Feuer der Erkenntnis entfacht und sein höchstes Sein verwirklicht.

(Shevetashvataropanishad 1.14)

Wenn der Yogi einen vom Feuer des Yoga gereinigten Körper erhält, wird dieser frei sein von Verfall und Krankheit, seine Jugend und sein Leben wird verlängert, Geruchs-, Geschmacks-, Gesichts-, Tast- und Gehörsinn sind verfeinert.

(Shvetashvataropanishad 2.12)

Ein Asana kann, wenn es beherrscht wird, alle Krankheiten beseitigen und sogar Gifte assimilieren. Wenn es nicht möglich ist, alle Asanas zu meistern, sollte man sich mit einem einzigen begnügen.

(Shadilyopanishad 1.3.12–13)

Pranayama *(Atemkontrolle)*

Es gibt zwei Gründe für das Abschweifen des Geistes:

Vasanas – Begierden, die von den latenten Gefühlseindrücken hervorgerufen werden und Atmung.
Wenn man einen der beiden unter Kontrolle gebracht hat, meistert man automatisch auch den anderen. Von den beiden sollte der Atem als erstes beherrscht werden.

(Yogakundalyupanishad 1.1–2)

Der Vorgang des Atmens erzeugt Vorstellungen im Geist. Wenn der Atem ruhig wird, wird auch der Geist ruhig.

(Yogakundalyupanishad 89)

Die Kontrolle des Atems bewirkt körperliches wie geistiges Wachstum.

(Varahaupanishad 5.46–49)

Wenn die Nadis durch Nadishodhana-Pranayama gereinigt sind, tritt Prana mit Macht in Sushumna ein, und der Geist wird ruhig.

(Shandilyopanishad 1.7.9.10)

Nimm erst eine Yoga-Haltung (Asana) ein;
halte den Körper aufrecht, fixiere die Augen und entspanne den Kiefer so, daß die oberen Zähne die unteren nicht berühren.
Leg die Zunge zurück.
Übe die Technik des Jalandhara Bhanda aus (siehe Seite 60)

und nimm deine rechte Hand zur Hilfe, um willentlich durch jedes Nasenloch zu atmen;
halte den Körper unbewegt und den Geist ruhig.
Dann praktiziere Pranayama.
(Trishikhibrahmanopanishad, Mantra Kapitel 92-94)

Atme zuerst die Luft aus den Lungen durch das rechte Nasenloch aus, indem du das linke Nasenloch mit den Fingern der rechten Hand zuhältst. Dann atme durch das linke Nasenloch ein und zähle bis sechzehn – halte dann die Luft an und zähle bis vierundsechzig – dann atme durch das rechte Nasenloch aus und zähle bis zweiunddreißig.
(Trishikhibrahmanopanishad, Mantra Kapitel 95-98)

Zehn Pranaarten können durch Pranayama kontrolliert werden: 1. Prana, 2. Apana, 3. Samana, 4. Vyana, 5. Udana, 6. Kurma, 7. Krikila, 8. Naga, 9. Dhananjaya und 10. Deva Dutta.
(Mundamalatantra, Kapitel 2, S. 3)

Durch Pranayama kann Pranabewegung kontrolliert werden, und der Geist wird ruhig.
(Gandharvatantra)

Pranayama beseitigt die inneren Unreinheiten. Es ist die beste Yogapraxis. Ohne seine Hilfe ist Befreiung nicht möglich.
(Gandharvatantra, Kapitel 10, S. 47)

Pranayama reinigt Geist und Sinne.
(Kularnavatantra, Kapitel 15, S. 75)

Wer gesund ist, sich maßvoll ernährt und seinen Atem kontrollieren kann, wird ein Yogi ... Wer äußerlich und innerlich rein ist und seine Sexualität beherrscht, ist auch fähig, seinen Atem zu beherrschen. Regelmäßiges Üben ist unerläßlich. Ohne Pranayama ist kein Yoga möglich.
(Rudrayamalatantra, Teil 2.17.40-43)

Auf der ersten Stufe des Pranayama beginnt der Körper zu transpirieren, auf der zweiten Stufe beginnt der Körper zu vibrieren und auf der höchsten oder dritten Stufe levitiert der Körper. Pranayama sollte regelmäßig praktiziert werden, bis die dritte Stufe erreicht ist.

(Shardatilaka 25.21–22)

Wird die Atemkontrolle vollendet beherrscht, wird der Körper zu Licht, der Gesichtsausdruck ist heiter, die Augen strahlen hell, die Verdauungskraft nimmt zu, und das führt zu innerer Reinigung und Freude.

(Grahayamalatantra, Kapitel 13, S. 102)

Pratyahara (Rückzug der Sinne)

Die Sinnes- und Arbeitsorgane sollten in Manas (sinnlichen Verstand) zurückgezogen werden, und Manas sollte ins Jnanatman (Bewußtsein) eingehen.

(Kathopanishad 1.3.13)

Die Sinne sollten willentlich vom Hrit aus beherrscht werden (dem achtblättrigen Lotos innerhalb des Herz-Chakras, das ist das Ananda Kanda oder spirituelle Herz).

(Shvetashvataropanishad 2.8)

Die Sinne sollten mit Hilfe geistiger Konzentration an ihrer Wurzel kontrolliert werden – in den Chakras.

(Trishikhibrahmanopanishad, Mantra Kapitel 115)

Durch Konzentration auf die 18 Adharas (vitalen Punkte) sollte der Geist zurückgezogen werden. Und zwar konzentriert man sich von einem zum anderen in der folgenden Reihenfolge, bei gleichzeitiger Ausübung von Kumbhaka (dem Anhalten des Atems): 1. Großer Zeh, 2. Fußgelenk, 3. Wade, 4. Knie, 5. Hüfte, 6. Anus, 7. Genitalien, 8. Bauchregion, 9. Nabel, 10. Herz, 11. Handgelenk, 12. Ellenbogen, 13. Hals, 14. Nasenspitze, 15. Augen, 16. Zungenwurzel, 17. Raum oberhalb der Nasenwurzel zwischen den Augenbrauen und 18. Stirn. Der Rückzug der Sinne (Indriya-Aharona) von dem Objekt durch die Kraft der Beherrschung (Willen) wird Pratyahara genannt.

(Darshanopanishad 7.1–2)

Der Atem sollte angehalten werden, während man sich auf die folgenden Punkte (in dieser Reihenfolge) konzentriert: 1. Zahnwurzeln, 2. Hals, 3. Brust, 4. Nabel, 5. Basis der Wirbelsäule, d. h. die Region der Kundalini, 6. Muladhara (Steißbeinregion), 7. Hüfte, 8. Lende, 9. Knie, 10. Bein und 11. großer Zeh. Die alten Yogis nannten dies Pratyahara.

(Darshanopanishad 7.5–9)

Die Beherrschung des Geistes in bezug auf die Sinnes-Objekte ist Pratyahara.

(Mandalabrahmanopanishad 1.7)

Das Abwenden der Sinne von den jeweiligen Objekten, von denen sie natürlicherweise angezogen werden, wird Pratyahara genannt.

(Yogalattusopanishad 68.69)

Pratyahara ist die Abwendung der Sinne von ihren Objekten, wie z.B. von den bildlichen Vorstellungen Gottes, das Aufgeben der Früchte des Handelns, das Abwenden von allen Objekten und das Halten der Aufmerksamkeit auf die achtzehn Adharas in der folgenden Reihenfolge in aufsteigender und absteigender Ordnung: 1. Fuß, 2. großer Zeh, 3. Fußgelenk, 4. Bein, 5. Knie, 6. Hüfte, 7. Anus, 8. Genitalien, 9. Nabel, 10. Herz, 11. Hals, 12. Kehlkopf, 13. Gaumen, 14. Nasenlöcher, 15. Augen, 16. die Stelle oberhalb der Nasenwurzel zwischen den Augenbrauen, 17. die Stirn und 18. der Kopf.

(Shandilyopanishad 8.1–2)s

Schwankungen im Geist werden durch Wünsche und Begierden verursacht; werden Wünsche durch PRATYAHARA kontrolliert, beruhigt sich der Geist und konzentriert sich auf Gott.

(Rudrayamalatantra, Teil 2, 24.137)

Ein Geist, der mit den Sinnen und Sinnesobjekten verbunden ist, ist nicht aufzuhalten, entschlossen, schwer kontrollierbar und nicht bereit zu gehorchen; der willentliche Rückzug davon wird PRATYAHARA genannt. Durch die Ausübung von Pratyahara wird der Yogi ruhig und ist zu tiefer Konzentration fähig. Dies führt ihn zum Yoga.

(Rudrayamalatantra, Teil 2, 27.28–30)

Während Kumbhaka (dem Anhalten der Atmung) sollte sich der Geist zuerst aufs Muladhara Chakra konzentrieren und dann Schritt für Schritt zu den anderen Chakras fortschreiten - dies wird PRATYAHARA genannt.

(Tantrarajatantra 27, 70)

Dharana *(Konzentration)*

Hält man während der Konzentration den göttlichen Aspekt des Geistes im Bewußtsein, so ist dies DHARANA.

(Amritnadopanishad 15)

Das Zurückziehen des Bewußtseins vom Wahrnehmungsbereich und das Halten des Bewußtseins im Super-Bewußtseinsbereich ist DHARANA.

(Mandalabrahmanopanishad 1.1.8)

Wer Yoga praktiziert sollte, nachdem er Yama, Niyama, Asana und Pranayama ausgeübt hat, seinen Geist auf die fünf Formen der Elemente in den ihnen zugeordneten Zentren konzentrieren. Dies nennt man DHARANA.

(Trishikhibrahmanopanishad, Mantra-Abschnitt 133–134)

Es gibt drei Arten von DHARANA:

1. Man konzentriert sich auf den göttlichen Aspekt des Selbst.
2. Man konzentriert sich auf Akasha (Leere) im HRIT-Zentrum (dem spirituellen Herz im Innern des Anahata Chakra mit einem achtblättrigen Lotos).
3. Man konzentriert sich auf die fünf göttlichen Formen: 1. Brahma, 2. Vishnu, 3. Bridhrudra, 4. Ishan Shiva und 5. Panchavaktra.

(Shandilyopanishad 1.9.1)

Was mit den Augen wahrgenommen, mit den Ohren gehört, mit der Nase gerochen, mit der Zunge geschmeckt und durch die Haut gespürt wird, sollte als göttlich betrachtet werden. Auf diese Art sollten die Sinnesobjekte ins Göttliche transformiert werden und dieserart im Bewußtsein bleiben.

(Yogatattvopanishad 69–72)

Konzentriert man sich während Kumbhaka (dem Anhalten des Atems) auf den großen Zeh, den Fußknöchel, das Knie, die Hoden, Genitalien, den Nabel, das Herz, den Hals, die Kehle, das Zäpfchen im Rachen, auf die Nase, den Punkt oberhalb der Nasenwurzel zwischen den beiden Augenbrauen, Brust und Kopf, dann nennt man dies DHARANA.

(Gandharvatatra, Kap. 5, S. 25)

DHARANA nennt man die Methode, bei der man das Bewußtsein auf bestimmte Vitalpunkte im Körper richtet, während man den Atem anhält.

(Prapanchasaratantra 19, 21–22)

Richtet man die Konzentration auf die feinstofflichen Zentren und auf Kundalini (die Schlangenkraft), so wird dies DHARANA genannt.

(Rudrayamalatantra, Teil 2, 27, 34–35)

Richtet man die Konzentration auf die allumfassende göttliche Form, so ist dies DHYANA (Meditation), richtet man die Konzentration jedoch jeweils nur auf einen Punkt, so nennt man dies DHARANA.

(Bhutashuddhitantra Kap. 9, S. 8)

Dhyana *(Meditation)*

Das höchste Sein kann weder von den Augen wahrgenommen werden, noch läßt es sich durch Worte beschreiben; auch durch die anderen Sinne und Wahrnehmungsfähigkeiten läßt es sich nicht erreichen. Das höchste Sein offenbart sich nur in DHYANA. Dhyana (wahre Meditation) ist nur möglich, wenn das Bewußtsein durch die Klarheit des Wissens um das Selbst spirituell geworden ist.

(Mundakopanishad 8.1.8)

Die Konzentration auf das göttliche Sein, das still, lichtvoll, rein und glückselig im Hrit-Zentrum (spirituellen Herzen) ruht, ist DHYANA.

(Kaivalyopanishad 5)

Konzentriert man sich auf die universelle Form Gottes, indem man sich auf ein Mantra konzentriert, und richtet man danach die Konzentration auf Gott, ohne Form, so ist dies DHYANA.

(Darshanopanishad 9, 1–2–3–5)

Wenn Konzentration die Phase des non-dualen Bewußtseins erreicht (das ist der Fall, wenn man das höchste Sein beständig immer und überall – selbst im kleinsten Teilchen – wahrnimmt), so ist dies DHYANA.

(Mandalabrahmanopanishad 1.1.9)

DHYANA ist von zweierlei Art:

1. *Saguna Dhyana* - die Meditation ist auf Gott gerichtet, der noch Form und Eigenschaften besitzt und
2. *Nirguna Dhyana* - Meditation auf Gott ohne Form und Eigenschaften

Meditiert man auf die Gottheit, während man den Atem anhält, so ist dies Saguna Dhyana; meditiert man auf das höchste Sein ohne Form und Eigenschaften, so ist dies Nirguna Dhyana. Nirguna Dhyana führt zum SAMADHI.

(Yogatattvopanishad 105)

Behält man die Form der Gottheit fortwährend im Bewußtsein, so ist dies DHYANA.

(Prapanchasaratantra 19.22–23)

DHYANA ist, Konzentration auf die Form der Gottheit, wie sie im Mantra beschrieben wird.

(Kularnavatantra Kap. 7, S. 83)

Samadhi

Der Zustand, in dem sich das Bewußtsein in höchster Konzentration befindet und durch das göttliche Licht erleuchtet ist, und in dem es keine Wünsche mehr gibt, dieser über-bewußte Zustand wird SAMADHI genannt.

(Annapurnopanishad 1.48)

Durch Kontrolle der Sinne, Kontrolle der Wünsche, Konzentration und Askese erlangt ein Yogi SAMADHI. Im Samadhi ist jegliche Liebe auf das höchste Sein gerichtet; man ist vollständig mit ihm verbunden und darin absorbiert, man erfährt jegliche Glückseligkeit in ihm. Im Samadhi offenbart sich dem Yogi das Wissen, das in Wort-Form (Pranava) enthalten ist.
(Nrisinghalapinyopanishad 2.6.4)

Der fortwährende Fluß des Bewußtseins in die Form des Brahman, des höchsten Seins, in der sich das «Ich» aufgelöst hat, wird SAMPRAJNATA SAMADHI genannt. Dies wird durch andauerndes Üben von Dhyana erlangt.
(Muktikopanishad 2.6.4)

Die fortwährende Tätigkeit des Geistes im Sinnesbereich ist die Ursache jeglichen weltlichen Wissens. Wenn sich der Geist auflöst, existiert das weltliche Wissen nicht mehr. Daher sollte man das Bewußtsein in tiefster Konzentration auf das höchste Sein fixieren.
(Adhyatomopanishad 26)

SAMADHI ist der Zustand, in dem das Bewußtsein nur im Wesen des Konzentrationsobjektes ruht, und so still ist, wie die Flamme einer Lampe an einem windstillen Ort, in dem das Gefühl der Konzentrationshandlung und des Ichbewußtseins («ich konzentriere mich») allmählich verschwindet.
(Adhyatmopoanishad 35)

Der Zustand, in dem der Geist ohne Unruhe, ohne Ichbewußtsein, ohne Freude, ohne Schmerz ist, und in dem das Bewußtsein in tiefster Konzentration vollkommen bewegungslos – gleich einem Fels – ist, dieser Zustand ist SAMADHI. Der Zustand, in dem Stille herrscht, ist SAMADHI.
(Annapurnaopanishad 1.49–50)

Der Bewußtseinszustand, in dem es weder Objekte gibt, noch Leidenschaften oder Aversionen, sondern höchstes Glück und größtmögliche Energie vorhanden sind, ist SAMADHI.
(Mahopanishad 4.62)

Wenn das Bewußtsein einen Zustand erreicht, in dem es einheitlich (nondual) wird, ist dies SAMADHI.

(Amritanandopanishad 16)

SAMADHI ist erreicht, wenn das Bewußtsein in tiefster Konzentration und Erkenntnis mit dem höchsten Bewußtsein eins wird.

(Darshanopanishad 10.1.)

SAMADHI ist der Zustand, in dem das Ichbewußtsein (Ekata) im höchsten Bewußtsein aufgeht.

(Gandharvatantra Kap. 5, 2. 26)

So wie sich ein Salzkristall, wenn es ins Wasser geworfen wird, im Wasser auflöst und mit dem Wasser eins wird, so wird der Zustand, in dem die Einheit von Ichbewußtsein und höchstem Bewußtsein erreicht wird, SAMADHI genannt.

(Saubhagyalakshmi Upanishad 2.14)

SAMADHI ist der Zustand, in dem das Ichbewußtsein mit dem höchsten Bewußtsein eins wird. Er ist frei von Dualität und voller Glückseligkeit und nur noch das höchste Bewußtsein bleibt darin bestehen.

(Shandilyopanishad l.11.1)

Wenn sich das konzentrierte Bewußtsein verliert ist SAMADHI erreicht.

(Mandalabrahmanopanishad 1.1.10)

Wenn das sich konstant konzentrierende Bewußtsein durch allerintensivste Konzentration aufgelöst wird, bleibt nur höchstes Bewußtsein zurück.

(Annapurnopanishad 1.23)

Wenn auch die tiefste Konzentration auf das höchste Brahman von selbst in sich verschwindet, kommt NIRVIKALPA SAMADHI auf ein Zustand, in d m alle latenten Gefühlseindrücke ausgeschaltet werden.

(Annapurnaopanishad 4.62)